蘇州全書

甲編

《蘇州全書》編纂出版委員會 編

·清嘉録

古吴軒出版社
蘇州大學出版社

圖書在版編目（CIP）數據

清嘉録 / (清) 顧禄撰 . -- 蘇州 : 古吳軒出版社 :
蘇州大學出版社，2023.6
（蘇州全書）
ISBN 978-7-5546-2143-1

Ⅰ. ①清… Ⅱ. ①顧… Ⅲ. ①風俗習慣—蘇州 Ⅳ.
① K892.453.3

中國國家版本館 CIP 數據核字（2023）第 093095 號

責任編輯 黄菲菲
裝幀設計 周 晨 李 璇
責任校對 戴玉婷

書　　名 清嘉録
撰　　者 〔清〕顧禄
出版發行 古吳軒出版社
地址：蘇州市八達街118號蘇州新聞大厦30F　電話：0512-65233679
蘇州大學出版社
地址：蘇州市十梓街1號　電話：0512-67480030
印　　刷 常州市金壇古籍印刷廠有限公司
開　　本 889 × 1194　1/16
印　　張 32
版　　次 2023 年 6 月第 1 版
印　　次 2023 年 6 月第 1 次印刷
書　　號 ISBN 978-7-5546-2143-1
定　　價 260.00 元

《蘇州全書》編纂工程

總主編

曹路寶　吳慶文

學術顧問

（按姓名筆畫爲序）

王　芳　王　宏　王　堯　王　鍔　王紅蕾　王華寶　王爲松　王衛平
王餘光　王鍾陵　朱棟霖　朱誠如　任　平　全　勤　江慶柏　江澄波
汝　信　阮儀三　杜澤遜　李　捷　吳　格　吳永發　何建明　言恭達
沈坤榮　沈燮元　武秀成　范小青　范金民　茅家琦　周　秦　周少川
周國林　周勛初　周新國　胡可先　胡曉明　姜　濤　姜小青　韋　力
姚伯岳　馬亞中　袁行霈　華人德　莫礪鋒　徐　俊　徐　海　徐　雁
徐惠泉　徐興無　唐力行　陸振嶽　陸儉明　陳子善　陳正宏　陳尚君
陳紅彦　陳廣宏　黄愛平　黄顯功　崔之清　張乃格　張志清　張伯偉
張海鵬　葉繼元　葛劍雄　單霽翔　程章燦　程毅中　喬治忠　鄔書林
賀雲翱　詹福瑞　趙生群　廖可斌　熊月之　樊和平　劉　石　劉躍進
閻曉宏　錢小萍　戴　逸　韓天衡　嚴佐之　顧　鄣

《蘇州全書》編纂出版委員會

主任　金潔　查穎冬

副主任　黃錫明　張建雄　王國平　羅時進

編委（按姓名筆畫爲序）

丁成明　王煒　王寧　王忠良　王偉林　王稼句　王樂飛　尤建豐
卞浩宇　田芝健　朱江　朱光磊　朱從兵　李忠　李軍　李峰
李志軍　吳建華　吳恩培　余同元　沈鳴　沈慧瑛　周生杰　查焱
洪曄　袁小良　徐紅霞　卿朝暉　高峰　凌郁之　陳潔　陳大亮
陳其弟　陳衛兵　陳興昌　孫寬　孫中旺　黃啟兵　黃鴻山　接曄
曹煒　曹培根　張蓓蓓　程水龍　湯哲聲　蔡曉榮　臧知非　管傲新
齊向英　歐陽八四　潘志嘉　錢萬里　戴丹　謝曉婷　鐵愛花

前言

中華文明源遠流長，文獻典籍浩如烟海。這些世代累積傳承的文獻典籍，是中華民族生生不息的文脉和根基。蘇州作爲首批國家歷史文化名城，素有『人間天堂』之美譽。自古以來，這裏的人民憑藉勤勞和才智，創造了極爲豐厚的物質財富和精神文化財富，使蘇州不僅成爲令人嚮往的『魚米之鄉』，更是實至名歸的『文獻之邦』，爲中華文明的傳承和發展作出了重要貢獻。

蘇州被稱爲『文獻之邦』由來已久，早在南宋時期，就有『吴門文獻之邦』的記載。宋代朱熹云：『文，典籍也；獻，賢也。』蘇州文獻之邦的地位，是歷代先賢積學修養、劬勤著述的結果。明人歸有光《送王汝康會試序》云：『吴爲人材淵藪，文字之盛，甲於天下。』朱希周《長洲縣重修儒學記》亦云：『吴中素稱文獻之邦，蓋子游之遺風在焉，士之嚮學，固其所也。』《江蘇藝文志・蘇州卷》收録自先秦至民國蘇州作者一萬餘人，著述達三萬二千餘種，均占江蘇全省三分之一强。古往今來，蘇州曾引來無數文人墨客駐足流連，留下了大量與蘇州相關的文獻。時至今日，蘇州仍有約百萬册的古籍留存，入選『國家珍貴古籍名録』的善本已達三百一十九種，位居全國同類城市前列。其中的蘇州鄉邦文獻，歷宋元明清，涵經史子集，寫本刻本，交相輝映。此外，散見於海内外公私藏家的蘇州文獻更是不可勝數。它們載録了數千年傳統文化的精華，也見證了蘇州曾經作爲中國文化中心城市的輝煌。

蘇州文獻之盛得益於崇文重教的社會風尚。春秋時代，常熟人言偃就北上問學，成爲孔子唯一的南方弟子。歸來之後，言偃講學授道，文開吴會，道啓東南，被後人尊爲『南方夫子』。西漢時期，蘇州人朱買臣負薪讀書，穹窿山中至今留有其『讀書臺』遺迹。兩晉六朝，以『顧陸朱張』爲代表的吴郡四姓涌現出大批文士，在不少學科領域都貢獻卓著。及至隋唐，蘇州大儒輩出，《隋書·儒林傳》十四人入傳，其中籍貫吴郡者二人；《舊唐書·儒學傳》三十四人入正傳，其中籍貫吴郡（蘇州）者五人。文風之盛可見一斑。北宋時期，范仲淹在家鄉蘇州首創州學，並延名師胡瑗等人教授生徒，此後縣學、書院、社學、義學等不斷興建，蘇州文化教育日益發展。故明人徐有貞云：『論者謂吾蘇也，郡甲天下之郡，學甲天下之學，人才甲天下之人才，偉哉！』在科舉考試方面，蘇州以鼎甲萃集爲世人矚目，清初汪琬曾自豪地將狀元稱爲蘇州的土産之一，有清一代蘇州狀元多達二十六位，占全國的近四分之一，由此而被譽爲『狀元之鄉』。近現代以來，蘇州在全國較早開辦新學，發展現代教育，涌現出顧頡剛、葉聖陶、費孝通等一批大師巨匠。中華人民共和國成立後，社會主義文化教育事業蓬勃發展，蘇州英才輩出，人文昌盛，文獻著述之富更勝於前。

蘇州文獻之盛受益於藏書文化的發達。蘇州藏書之風舉世聞名，千百年來盛行不衰，具有傳承歷史長、收藏品質高、學術貢獻大的特點，無論是卷帙浩繁的圖書還是各具特色的藏書樓，以及延綿不絶的藏書傳統，都成爲中華文化重要的組成部分。據統計，蘇州歷代藏書家的總數，高居全國城市之首。南朝時期，蘇州就出現了藏書家陸澄，藏書多達萬餘卷。明清兩代，蘇州藏書鼎盛，絳雲樓、汲古閣、傳是樓、百宋一廛、藝芸書舍、鐵琴銅劍樓、過雲樓等藏書樓譽滿海内外，彙聚了大量的珍貴文獻，對古代典籍的收藏保護厥功至偉，亦於文獻校勘、整理裨益甚巨。《舊唐書》自宋至明四百多年間已難以考覓，直至明嘉靖十七年（一五三八），聞人詮在蘇州爲官，搜討舊籍，方從吴縣王延喆家得《舊唐書》『紀』和『志』部分，從長洲張汴家得《舊唐書》『列傳』部分，『遺籍俱出宋時模板，旬月之間，二美璧合』，于是在蘇州府學中槧刊，《舊唐書》自此得以彙而成帙，復行於世。清代嘉道年間，蘇州黃丕烈和顧廣圻均爲當時藏書名家，且善校書，『黃跋顧校』在中國文獻史上影響深遠。

蘇州文獻之盛也獲益於刻書業的繁榮。蘇州是我國刻書業的發祥地之一，早在宋代，蘇州的刻書業已經發展到了相當高的水平，至今流傳的杜甫、李白、韋應物等文學大家的詩文集均以宋代蘇州官刻本爲祖本。宋元之際，蘇州磧砂延聖院還主持刊刻了中國佛教史上著名的《磧砂藏》。明清時期，蘇州成爲全國的刻書中心，所刻典籍以精善享譽四海，明人胡應麟有言：『凡刻之地有三，吴也、越也、閩也。』他認爲『其精，吴爲最』，『其直重，吴爲最』。又云：『余所見當今刻本，蘇常爲上，金陵次之，杭又次之。』清人金埴論及刻書，仍以胡氏所言三地爲主，則謂『吴門爲上，西泠次之，白門爲下』。明代私家刻書最多的汲古閣、清代坊間刻書最多的掃葉山房均爲蘇州人創辦，晚清時期頗有影響的江蘇官書局也設於蘇州。據清人朱彝尊記述，汲古閣主人毛晉『力搜秘册，經史而外，百家九流，下至傳奇小説，廣爲鏤版，由是毛氏鋟本走天下』。由於書坊衆多，蘇州還産生了書坊業的行會組織崇德公所。明清時期，蘇州刻書數量龐大，品質最優，裝幀最爲精良，爲世所公認，國内其他地區不少刊本也都冠以『姑蘇原本』，其傳播遠及海外。

蘇州傳世文獻既積澱着深厚的歷史文化底藴，又具有穿越時空的永恒魅力。從范仲淹的『先天下之憂而憂，後天下之樂而樂』，到顧炎武的『天下興亡，匹夫有責』，這種胸懷天下的家國情懷，早已成爲中華民族精神的重要組成部分，傳世留芳，激勵後人。南朝顧野王的《玉篇》，隋唐陸德明的《經典釋文》、陸淳的《春秋集傳纂例》等均以實證明辨著稱，對後世影響深遠。明清時期，馮夢龍的《喻世明言》《警世通言》《醒世恒言》，在中國文學史上掀起市民文學的熱潮，具有開創之功。吴有性的《温疫論》、葉桂的《温熱論》，開温病學研究之先河。蘇州文獻中蘊含的求真求實的嚴謹學風、勇開風氣之先的創新精神，已經成爲一種文化基因，融入了蘇州城市的血脉。不少蘇州文獻仍具有鮮明的現實意義。明代費信的《星槎勝覽》，是記載歷史上中國和海上絲綢之路相關國家交往的重要文獻。鄭若曾的《籌海圖編》和徐葆光的《中山傳信録》，爲釣魚島及其附屬島嶼屬於中國固有領土提供了有力證據。魏良輔的《南詞引正》、嚴澂的《松絃館琴譜》、計成的《園冶》，分别是崑曲、古琴及園林營造的標志性成果，這些藝術形式如今得以名列世界文化遺産，與上述名著的嘉惠滋養密不可分。

維桑與梓，必恭敬止；文獻流傳，後生之責。蘇州先賢向有重視鄉邦文獻整理保護的傳統。方志編修方面，范成大《吴郡志》爲方志創體，其後名志迭出，蘇州府縣志、鄉鎮志、山水志、寺觀志、人物志等數量龐大，構成相對完備的志書系統。地方總集方面，南宋鄭虎臣輯《吴都文粹》、明錢穀輯《吴都文粹續集》、清顧沅輯《吴郡文編》先後相繼，收羅宏富，皇皇可觀。常熟、太倉、崑山、吴江諸邑，周莊、支塘、木瀆、甪直、沙溪、平望、盛澤等鎮，均有地方總集之編。及至近現代，丁祖蔭彙輯《虞山叢刻》《虞陽説苑》，柳亞子等組織『吴江文獻保存會』，爲搜集鄉邦文獻不遺餘力。江蘇省立蘇州圖書館於一九三七年二月舉行的『吴中文獻展覽會』規模空前，展品達四千多件，並彙編出版吴中文獻叢書。然而，由於時代滄桑，圖書保藏不易，蘇州鄉邦文獻中『有目無書』者不在少數。同時，囿於多重因素，蘇州尚未開展過整體性、系統性的文獻整理編纂工作，許多文獻典籍仍處於塵封或散落狀態，没有得到應有的保護與利用，不免令人引以爲憾。

進入新時代，黨和國家大力推動中華優秀傳統文化的創造性轉化和創新性發展。習近平總書記强調，要讓收藏在博物館裏的文物、陳列在廣闊大地上的遺産、書寫在古籍裏的文字都活起來。二〇二二年四月，中共中央辦公廳、國務院辦公廳印發《關於推進新時代古籍工作的意見》，確定了新時代古籍工作的目標方向和主要任務，其中明確要求『加强傳世文獻系統性整理出版』。盛世修典，賡續文脉，蘇州文獻典籍整理編纂正逢其時。二〇二二年七月，中共蘇州市委、蘇州市人民政府作出編纂《蘇州全書》的重大決策，擬通過持續不斷努力，全面系統整理蘇州傳世典籍，着力開拓研究江南歷史文化，編纂出版大型文獻叢書，同步建設全文數據庫及共享平臺，將其打造爲彰顯蘇州優秀傳統文化精神的新陣地，傳承蘇州文明的新標識，展示蘇州形象的新窗口。

『睹喬木而思故家，考文獻而愛舊邦。』編纂出版《蘇州全書》，是蘇州前所未有的大規模文獻整理工程，是不負先賢、澤惠後世的文化盛事。希望藉此系統保存蘇州歷史記憶，讓散落在海内外的蘇州文獻得到挖掘利用，讓珍稀典籍化身千百，成爲認識和瞭解蘇州發展變遷的津梁，並使其中藴含的積極精神得到傳承弘揚。

觀照歷史，明鑒未來。我們沿着來自歷史的川流，承荷各方的期待，自應負起使命，砥礪前行，至誠奉獻，讓文化薪火代代相傳，並在守正創新中發揚光大，爲推進文化自信自强、豐富中國式現代化文化内涵貢獻蘇州力量。

《蘇州全書》編纂出版委員會

二〇二二年十二月

凡例

一、《蘇州全書》（以下簡稱『全書』）旨在全面系統收集整理和保護利用蘇州地方文獻典籍，傳播弘揚蘇州歷史文化，推動中華優秀傳統文化傳承發展。

二、全書收録文獻地域範圍依據蘇州市現有行政區劃，包含蘇州市各區及張家港市、常熟市、太倉市、崑山市。

三、全書着重收録歷代蘇州籍作者的代表性著述，同時適當收録流寓蘇州的人物著述，以及其他以蘇州爲研究對象的專門著述。

四、全書按收録文獻内容分甲、乙、丙三編。每編酌分細類，按類編排。

（一）甲編收録一九一一年及以前的著述。一九一二年至一九四九年間具有傳統裝幀形式的文獻，亦收入此編。按經、史、子、集四部分類編排。

（二）乙編收録一九一二年至二〇二一年間的著述。按哲學社會科學、自然科學、綜合三類編排。

（三）丙編收録就蘇州特定選題而研究編著的原創書籍。按專題研究、文獻輯編、書目整理三類編排。

五、全書出版形式分影印、排印兩種。甲編書籍全部采用繁體豎排；乙編影印類書籍，字體版式與原書一致；乙編排印類書籍和丙編書籍，均采用簡體横排。

六、全書影印文獻每種均撰寫提要或出版説明一篇，介紹作者生平、文獻内容、版本源流、文獻價值等情況。影印底本原有批校、題跋、印鑒等，均予保留。底本有漫漶不清或缺頁者，酌情予以配補。

七、全書所收文獻根據篇幅編排分册，篇幅適中者單獨成册，篇幅較大者分爲序號相連的若干册，篇幅較小者按類型相近原則數種合編一册。數種文獻合編一册以及一種文獻分成若干册的，頁碼均連排。各册按所在各編下屬細類及全書編目順序編排序號。

清嘉録

〔清〕顧禄 撰

據蘇州圖書館藏清道光十年（一八三〇）初刻本影印。

提要

《清嘉録》十二卷，清顧禄撰。

顧禄（一七九四—約一八四三），字鐵卿，一字總之，自號茶磨山人。清吴縣人。工詩文，長於掌故，時稱才子。著有《頤素堂詩鈔》《桐橋倚櫂録》等。

《清嘉録》專記蘇州附郭三縣之歲時風俗，書名取陸機《吴趨行》「土風清且嘉」句意。在此之前，如崔寔《四民月令》、杜臺卿《玉燭寶典》、陳元靚《歲時廣記》等，叙終歲典故，未有專記一方風土者，而蘇州輿地之書，如張勃《吴録》、陸廣微《吴地記》、范成大《吴郡志》等，僅間涉風土。故以時序爲經，以節令民諺爲題，叙風土人情，娓娓詳備，兼能參稽群籍，並附加考按者，當以《清嘉録》爲最。顧承序云：「吾家鐵卿薈萃群書，自元日至於歲除，凡吴中掌故之可陳，風謡之可采者，莫不按節候而羅列之，名之曰《清嘉録》，洵吾吴未有之書也。」顧日新序云：「小阮鐵卿明經，以超雋之才，喜著述之事。讀書之暇，纂列吴中歲時瑣事，凡十二卷，訪諸父老，證以前聞，糾繆摘訛，秩然有體。」其雖爲風土雜著，但涉及頗廣，尤其對社會情狀有真切反映，有助於了解嘉道年間蘇州社會經濟和人情世態。於歲時節物之所陳，市肆好尚之所趨，記之綦詳，又録街談巷議、農諺山謡，以資歌詠，以助劇談。《清嘉録》問世當年，就隨商船流傳到日本長崎，日本天保八年（一八三七）有覆刻本，由久居安原等校勘訓點，朝川鼎爲之序。此後流播益廣，版本迭見，有别署《吴趨風土録》或《吴門風土記》者。

本次影印以蘇州圖書館藏清道光十年（一八三〇）初刻本爲底本，原書框高十七厘米，廣十二·一厘米。

道光庚寅孟夏

清嘉録

何桂馨題

序

時序之書昉於夏小正及吕氏月令至李唐時亦與虞氏北堂書鈔渤海歐陽氏藝文類聚爲類書犄矢雖頗及時令而猶未大備近世董氏類傳出而終歲典故始集其成然未有專指一方風土者也吾吴古稱荆蠻自泰伯虞仲以來變其舊俗爲聲名文物之邦陸士衡所云土風清且嘉者迄於今文采風流爲天下冠然江湖雄闊川澤沃饒雜處五方商賈輻輳世運遷流風會不無少靡吾家鐵卿薈萃羣書自元日至於歲除凡吴中掌故之可陳風謡之

可采者莫不按節候而羅列之名之曰清嘉錄洵吾吳未有之書也夫千里不同風百里不同俗雖時序之在天下薄海皆同而一方有一方之風土人情不可得而强也吳趨風氣日變益新如五音之繁會五色之陸離其可無紀乎此書出而行之海內吾知其不脛而走也予於是竊有感焉昔言子子游游聖人之門列文學之科流風漸被數千百年天下皆以吾吳爲文章淵藪然文勝則實漓騖於外而遺其內非聖人忠信之敎也吳中今日文亦少勝矣鐵卿之訂是書也其亦有微意也歟是爲敘道光十年六

月朔日宛山老人承書

序

禮君子入境而問禁入國而問俗又曰禮從宜使從俗古之人欲周知風俗也如此三代以上其書不可得而考巳後世輿地之書大都詳及沿革選舉人物山川而閒涉於風俗嗟夫人各偏處一方其欲周知之也不亦難乎雖閒其能詳乎小阮鐵卿明經以超儁之才喜著述之事讀書之暇纂列吳中歲時瑣事凡十二卷訪諸父老證以前聞糾繆摘訛秩然有體莊子謂道在螻蟻道在屎溺夫螻蟻屎溺至微且濁矣而不嫌每下而愈況蓋天地之至道貫

於日用人事其傳之於世者皆其可筆之於書者也昔張勃作吳錄陸廣微作吳地記范成大作吳郡志王鏊作姑蘇志皆以吳人記吳事今其書雖或佚或存而其名終不可泯滅然則鐵卿之爲此書其繼古人而傳之也可必矣僕居吳而猶且欣然流覽焉況其爲遼絶闊遠之人足跡曾未嘗一至者乎劍峰老人日新序

二卯十二

清嘉錄

例言

一余年二十有五丁母氏憂閉門卻軌日與父老談吳趨風土目之所見耳之所聞輒寄諸子墨以資歌詠以助劇談閲數年積若干帙都爲十二卷節取陸士衡吳趨行語以名之覽者顧名思義可也

一吾鄉歲時節物之所陳市肆好尚之所趨街談巷議農諺山謡莫不有所祖特人習焉不察往往以譌沿譌斥爲齊東野人之說余搜羅羣書數百種援以爲

証案而不斷間有涉疑似之處則叅以管見特識見未充援據未確索瘢指垢願俟博雅

一采風問俗紀錄宜詳是書凡郡邑志所已載與夫所不及載所不能載者雖瑣必登至于鄉風之昔廢今傳今廢昔傳皆在刪增之例若止行於一隅未能偏曉者概從闕如

一是書止載郡城三邑歲時土風與王元美蘇志備遺統紀一府之例不同而六邑之志仍與郡志三邑志互資考証文尾則采錄九邑人之詩詞皆隱寓陳善

閑邪之意以冀世道人心有所裨益若無關於土俗時趍屬諸懷古之什俱不采録其閒偶有一二題缺之者亦偶有一二題數首者既囿於見聞又隘於篇幅擬另輯清嘉録詩詞補遺若干卷以補此書未備脫蒙惠讀彙以續刊

一吳越本屬一家而風土大略相同故書中雜引淛俗爲最繁次及輦下若他省别府偶一援之以証異同而已

一歲時無殊而風土各異如昔人夢華遺事諸書所載

各不相同大抵皆在鄉言鄉也顧閉門操觚終虞舛漏不賢識小未免見哂高明

茶磨山人顧祿鐵卿甫識

題辭　隨到隨編不敘爵齒

吳趨自古説清嘉土物眞堪紀歲華一種生涯天下絶虎邱不斷四時花歲時風土有成書地紀陳編富五車今日殺青應更別風謡絶勝太康初一山何桂馨

壤叟轅童寫性情風謡也許頌　承平從今暮雨瀟瀟曲不是吳歌第一聲唱徧楊枝又柘枝何須萬里採風詩秋菘春韭尋常品生在家鄉便繫思篆香蔣賡墉

四時好景從頭記已省識繁華如此蘇臺春色縱無邊誰題徧月名十二　童謡悟徹風人旨方共羨文情斐亹他

年試與采輶軒佇見貴洛陽名紙右調步蟾宮果泉陸準
筭天堂福地蘇臺稱最有無邊良辰美景賞心樂事難賽
誰編成歲華紀麗把清嘉舊俗賅載換到桃符喧來臘鼓
年光好處供摹繪纔開卷詩情畫本到眼盡來會吳地記
別開金屑海錄同碎 羨鴻才黃門後裔著述都超羣輩
取荊楚歲時餘例更仿東京夢華類吮墨晨書然脂暝寫
擷芳尋勝儘補綴待他日輶軒旁采圖志說家外流傳徧
擬賦吳都洛下幾貴右調多麗銘人陸偉堂
梧宮花草半莓苔住蘇臺憶蘇臺偶把一年好景爲安排

生面特開吳地誌供摹繪正連番風訊催　信催訊催時
漫推剛雁來又燕回記著記著記不了鬧杏探槑已覺金
迷紙醉賞心諧不數夢華同紀麗披覽處賦新詞待取裁
右調江城梅花引　拈花陸寶傳
遮眼羣書在誰堪著作林窗燈沈短焰檐雨滴愁心歲月
閱中得光陰卷裏尋極華須返朴望古意何深直抵姑蘇
詠先知風俗通千枝花翦綵五色綫翻絨臘尾年頭轉方
言諷語工黃車如見采搜討寓深衷小泉蔣如洵
婆心能宛轉風世使還淳巷議街談古山謠農諺眞吳趨

傳舊俗要術補齊民別志姑蘇體斑斕節物新蠡灤林琛

風土推吳下嘉名煞憶之繁華餘綺習懲創采風詞諺語多沿俗歌謠盡入時關心天四月齊唱煖寒詩秋枚姪辰

事紀春三盛風吹暮九寒吉詞占歲入美識到年殘節物從頭數繁華拭眼看開編轉振觸新樣又多端竹虛姪偉烈

思入才人筆翻新舊亦妍胸懷除俗韻援引富陳編卷帙留三寸工夫閱十年太平眞有象歌舞頌堯天默菴姪震濤

清嘉錄

吴縣　顧祿　鐵卿

卷一目錄

正月

挂喜神

上年墳

拜年

飛帖

開門爆仗

歡喜團

黃連頭叫雞

看風雲

稱水

七八八穀九天十地

看參星

齋天

祭猛將

點竈鐙

爆孛婁

春餅

圓子油䭔

鐙市

清嘉錄

吳縣顧　祿鐵卿譔

卷一

正月

行春

行春之儀附郭縣官督委坊甲裝扮社夥如觀音朝山昭君出塞學士登瀛張仙打彈西施采蓮之類名色種種聞國初猶以優伶官伎爲之今皆乞兒祗應故事先立春一日郡守率僚屬迎春婁門外柳仙堂鳴騶清路盛設羽

儀前列社夥殿以春牛觀者如市男婦爭以手摸春牛謂
占新歲造化諺云摸摸春牛脚賺錢賺得著蔡雲吳歈云
去去婁關有古坊爭看太守迓勾芒歌童毛女風流歇端
爲迎春特地忙
案漢書太守有行春之文　唐高承事物紀原周公始
制立春土牛盖出土牛以示農耕之早晚褚人穫堅瓠
集古者迎春與出土牛原是二事迎春以迎陽氣出土
牛以送陰氣迎春在立春出土牛在季冬與儺同時合
而爲一不知起于何時又云吳中立春前一日迎芒神

出土牛郡人競觀以鋪張美麗爲時和年豐之兆而留
心民事者亦號召伎女樂工梨園百戲聲歌雜遝結束
鮮明歲以爲常長元吳志皆云立春日迎春東郊競看
土牛吳縣志并云大戸皆垂簾門外婦女豔飾前明袁
宏道有迎春歌併錄于此以見今昔之殊歌云東風吹
暖婁江樹三衢九陌凝烟霧白馬如龍破雪飛犢車碾
水穿香度鐃吹拍拍走烟塵炫服靚粧十萬人羅額鮮
明粉綵勝社歌繚繞簇芒神緋衣金帶印如斗前列長
官後太守烏紗新縷漢宮花青奴跪進屠蘇酒禾蓮舟

上玉作幢歌童毛女白雙雙梨園舊樂三千部蘇州新譜十三腔假面胡頭跳如虎窄衫繡袴搥大鼓金蟒纏身神鬼粧白衣合掌觀音舞觀者如山錦相屬雜沓誰分絲與肉一路香風吹笑聲千里紅紗遮醉玉靑蓮衫子藕荷裳透額垂髻淡淡粧拾得春條誇姊妹袖來瓜子擲兒郎急管繁絃又一時千門楊柳破靑枝獨有閉門袁大令塵擁書牀生網絲

打春

立春日太守集府堂鞭牛碎之謂之打春農民競以麻麥

米豆拋打春牛里胥以春毬相餽貽預兆豐稔百姓買芒神春牛亭子置堂中云宜田事蔡雲吳歈云春恰輪當六九頭新花巧樣贈春毬芒神脚色牢牢記共詣黃堂看打牛

案隋書禮儀志始有綵仗擊牛之文卽後世之打春也漢晉以前無打春之事孟元老東京夢華錄立春日絶早府僚打春府前百姓賣小春牛吳自牧夢粱録立春日侵晨郡守率僚佐以綵仗鞭春街市以花裝欄坐乘小春牛及春幡春勝各相獻遺於貴家宅舍示豐稔之

兆晁冲之詩自慚白髮嘲吾老不上譙樓看打春是事雖始於隋而儀文實備於宋迄今沿之

拜春

立春日爲春朝士庶交相慶賀謂之拜春撚粉爲丸祀神供先其儀亞於歲朝埒于冬至

案孟元老東京夢華錄云立春日宰執親王近臣入賀吳自牧夢粱錄云立春日宰臣以下入朝稱賀蓋立春賀節本爲下之行禮于上無答拜之理崑新合志云立春日紳士亦賀節餘則否

拜牌

紳士詣圓妙觀三清殿望　闕遥賀一如祝釐之儀謂之拜牌禮畢盛服往來衙門交慶

案明洪文科語窺古今載王官十儀一曰習儀拜牌通典謂元旦慶賀始于高祖　徐崧張大純百城烟水圓妙觀三清大殿爲郡人習儀祝釐之所

歲朝　忌諱附

元旦爲歲朝比戸懸神軸於堂中陳設几案具香蠟以祈一歲之安俗忌掃地乞火汲水并針翦又禁傾穢遷糞諱

啜粥及湯茶淘飯天明未起戒促喚男子出門必迎喜神方位而行婦女簪松虎絲勝男女必曳新衣潔履相見則舉百果相授受各道吉利語謂之開口果子

案尚書大傳正旦爲歲之朝月之朝日之朝謂之三朝歲時通考元旦不掃地不汲水不乞火崑新合志是日禁掃地乞火汲水及針翦汪上湖守歲詩俗掃隔年地

挂喜神

比戶懸挂祖先畫像具香蠟茶果粉丸糍糕肅衣冠率妻

㝈以次拜或三日五日十日上元夜始祭而收者至戚相賀或有展拜尊親遺像者謂之拜喜神

案厲樊榭可庵遺像記古者人子之于親亡也至漢氏以來乃有畫像雖非古制實寓生存遂相沿不能廢宋之先儒有恐似他人之議則畫手不可不工也朱鹿田詩感舊應添看面人月令事宜除夕祭饗卽懸眞於家庭供奉以拜節江震志亦以除夕懸祖先畫像至新正初三日或初五日收者金介山云杭俗謂之神子落燈夜收神子詩云若非除夜何能見纔過元宵不可留又

云其三五世合繪一幅者則曰代圖亦曰三代圖五代圖

上年墳

擕糖茶果盒展墓謂之上年墳

案錢塘黃書厓上年墳詩云松柏春逾茂家家上冢行紙灰飛蛺蝶佳節似清明此祭寧非古空山亦賀正食罍分餕後一擔夕陽輕蓋杭俗上年墳多以肴饌楮鏹吳俗則糖茶果盒而已

拜年

男女以次拜家長畢主者率卑幼出謁鄰族戚友或止遣子弟代賀謂之拜年至有終歲不相接者此時亦互相往拜于門門首設籍書姓氏號爲門簿鮮衣炫路飛轎生風靜巷幽坊動成鬨市薄暮至人家者謂之拜夜節初十日外謂之拜燈節故俗有有心拜節寒食未遲之諺琳宫梵宇亦交相賀歲或粘紅紙袋于門以接帖署曰接福或曰代僮范來宗拜年詩云走賀紛闐歲籥更素非識面也關情添丁誇列懷中刺過午飛留簿上名羽士禪師同逐逐東家西舍盡盈盈春明舊夢還能記馳偏輪蹄内外城

清嘉錄

案艮齋雜記拜年無論識與不識望門投帖賓主不相見登簿而已然長元志皆載俗尚拜年有從未識面互相投帖以多爲榮者此風不行于守禮清門

飛帖

有遣僕投紅單刺至戚若友家者多不親往荅拜者亦如之謂之飛帖

案艮齋雜記云拜年之風有帖到而人不到者宋時已然見周密癸辛雜識沈公子遣僕送刺至吳四丈家取視之類皆親故因醉僕以酒陰以已帖易之其僕不知

至各家徧投之而主人之帖竟不達又周煇清波雜志至正交賀多不親往有一士人令人持馬銜每至一門撼數聲而留刺字以表到有知其誣者出視之僕云適已脫籠矣脫籠爲京都虛詐閃賺之諺語呂滎陽公言送門狀習以成風旣勞於作僞且疏拙露見司馬温公在臺閣時不送門狀曰不誠之事不可爲也　褚人穫堅瓠集云拜年帖　國初用古簡有稱呼康熙中則易紅單書某人拜賀素無往還道路不揖者而單亦及之文待詔集有拜年詩云不求見面惟通謁名紙朝來滿

敝廬我亦隨人投數紙世情嫌簡不嫌虛

開門爆仗

歲朝開門放爆仗三聲云辟疫癘謂之開門爆仗

案唐高承事物紀原云馬鈞始製爆仗吳俗紙裹硫磺曰爆仗是其名已見元魏然范石湖村田樂府云截筩五尺煨以薪當階擊地雷霆吼則是時又以竹爆也今紙者亦謂之竹如九縣志皆載元旦爆竹三聲然後啟戶是也又云相傳以驅疫癘攻爆竹辟鬼其說始於東方朔神異經西方深山中有人長尺餘犯人則病寒熱

名曰山㺐人以竹著火中熚烞有聲而山㺐驚憚六朝時已用之歲朝見宗懔荆楚歲時記正月一日雞鳴而起先於庭前爆竹以避山㺐惡鬼俗有兼用之除夕者謂之封門爆仗張說守歲詩桃枝堪辟惡竹爆好驚眠薛能除夜作竹爆和諸鄰王安石詩爆竹聲中一歲除皆是也予嘗有句云鄉俗相傳惟爆竹城居那得有山㺐可爲此風解嘲

歡喜團

圍爐中燒巨煤墼曰歡喜團凡歲朝屆元宵而止

案厲靜香事物異名錄引范成大雪中送炭與龔養正詩煩君笑領婆歡喜探借新年五日春謂今俗以巨煤墼爲歡喜團也吳穀人祭酒新年雜詠小序云歡喜團杵炭屑而笵之上下合成圓而有匾勢炭墼之巨族也除夕取以埋爐置寢室中謂之歡喜過年詩云開爐重得彩餘喜復餘歡火色明通夕春光聚一團幾人先附熱舉室不知寒笑指靑紅意還將兒女看注俗指小兒女之稱意者亦曰歡喜團吳人亦有此口號

黃連頭叫雞

獻歲鄉農沿門吟賣黄連頭呌雞絡繹不絶

案長元志皆載黄連樹村落間俱有極高大其苗可食今鄉農於四五月間摘取其頭以甘草汁醃之謂小兒食之可解内熱　吳穀人祭酒新年雜詠小序云吹雞哺故名哺哺雞亦名呌雞詩云曉日一雞唱春風正滿閭居然生羽翼大要借吹嘘功豈養成候聲疑伏卵餘兒童能起舞壯志定何如

看風雲

農人歲朝晨起看風雲以卜田事諺云歲朝東北五禾大熟歲朝西北風大水害農功

案九縣志皆載元旦風自東南來則歲大稔東次之東北又次之西則歉西北有紅黃雲則稔白黑則歉并云是日宜陰有歲朝烏六秃高低田稻一齊熟之諺

秤水

自歲朝至十二日以瓶汲水秤其輕重以卜歲中水旱

案王得臣麈史江湖閒人常于歲除汲江水秤與元日又秤重則大水又硏北雜志浙西人以正月三日爲田

本命秤水以重爲有年盧志云自元旦至十二日當一
歲之月以瓶汲水準其輕重重則其月多水輕則旱

新年

諸叢林各建歲醮士女游玩琳宮梵宇或燒香答願自此
翩翩徵逐無論遠近隨意所之城中圓妙觀尤爲游人所
爭集賣畫張者聚市于三清殿鄉人爭買芒神春牛圖觀
內無市鬻之舍支布幕爲廬晨集暮散所鬻多糖果小吃
瑣碎玩具閒及什物而已而橄欖尤爲聚處雜耍諸戲來
自四方各獻所長以娛游客之目如立竿百仞建幟於顛

一人盤空拔幟如猱之升木謂之高竿索上長繩繫兩頭於梁舉其中央兩人各從一頭上交相度謂之走索小兒緣長竿倒立尋復去手久之垂手翻身而下謂之穿跟斗長劍直插入喉嗉謂之吞劍取所佩刀令人盡力刺其腹刀摧腹皤謂之弄刀置磁甏於拳以手空中抓之令盤旋腰腹及兩腋兩股瞥起倏落謂之弄甏或以磁盆置竿首兩手交換有時飛盆空際仍落原竿之上謂之舞盆置丈許木於足下可以超乘謂之蹈高蹻以毯覆地變化什物謂之撮戲法以大盌水覆毯令隱去謂之飛水置五紅豆

於掌上令其自去謂之摘豆以錢十枚呼之成五色謂之大變金錢兩人裸軆相撲謂之攞架子鳳陽人蓄猴令其自爲冠帶并豢犬爲猴之乘能爲磨房三戰諸齣俗呼猢猻撮把戲圍布作房支以一木五指運三寸傀儡金鼓喧嗔詞白則用叫顙子均一人爲之俗呼木人頭戲牽絲戲彷彿傀儡手足皆以絲牽運動故名穹幙於壁一人在幙中作數人問答語謂之隔壁戲以扇撲桌狀鳥之鼓翅繼作百鳥之聲皆出自口中謂之百鳥像聲江寗人造方圓木匣中綴花樹禽魚神怪秘戲之類外開圓孔蒙以五色

瑁瑇一目窺之障小爲大謂之西洋鏡又有洋畫者以顯微鏡倒影窺之障淺爲深以畫本法西洋故也江陰人摶五色粉狀諸人物曰粉人截紫白竹尺餘上開六孔吹之謂之太平簫以竹簧夾箬置舌間可吹小曲竹筒二三寸許貫以糀域以綫裹之就地盤旋引風入竅作汪汪聲謂之地鈴篾絲糊紙爲蝴蝶人物之形風中飛揚謂之絲鷂瞽男盲女擊木魚銅鈸答唱前朝故事謂之說因果攤簧乃弋腔之變以琵琶絃索胡琴檀板合動而歌餘如測字起課算命相面大率江西人賃居宇下藉以覓食男女之

問災福者到處閧羶蟻聚茶坊酒肆及小食店門市如雲寠人裝水烟爲生者逢人祇應以些少錢會贈之托盤供買食品者亦所在成市至城外西園則擲饅首於放生池引黿浮水而食以爲樂婦女暗數羅漢卜年庚之順逆至十六日然後學子攻書工人返肆農人各執其業謂之新年范來宗游觀詩云仙都元妙六門中遝遝爭趨老少同大地廣場逾鶴市諸天法相若鼇宮種桃道士重門沓賣果兒郎百戲空何事千人齊引領香輿帽露石榴紅又蔡雲吳歈云城外西園城內觀趁閒趁閙儘嬉頑可憐佛宇

仙宮好混却茶鑪酒肆閒又云彌羅閣陰花爆稀長生殿
邊絲鷂飛岩容少婦入人海輕薄兒郎慣打圍
案馮慕岡月令廣義元時元日于長春宮建醮歲以爲
例范志歲首卽會於佛寺謂之歲懺士女闐咽殆無行
路長元志皆載元旦佛寺燒香禮年懺　徐崧張大純
百城烟水載圓妙觀在宮巷北剏自晉咸寧二年名眞
慶道院至元元貞元年改贈今額時左轄朱文淸大施
捨觀遂甲吳中基周廣五百畝又載西園卽戒幢律院
在岩坊浜東徐太僕子工部溶捨爲寺中有放生池又

五百羅漢殿　沈朝初憶江南詞云蘇州好到處慶新年北寺笙歌聲似沸元都士女擁如烟衣服盡鮮妍注北寺圓妙觀爲新歲游觀地今北寺游人已衰而閶門外聞德橋内朱家莊僅一廣場耳新年游者麕至百戲競陳貨郎蟻集茶坊酒肆糕點一新且四時無寥落之日　蔡鐵翁吳歈百絶注云新年游玩圓妙觀婦女之容飾妖邪者游人環集謂之打圍固由自取然亦無人禁止之也

燒十廟香

郡縣城隍廟及本里土地諸神祠男婦修行者年初皆往燒香必經歷十廟而止謂之燒十廟香歸必炷香于家堂司命諸神之前曰回頭香

案厲樊榭武林踏鐙詞云鬧蛾䕫裏門新粧去點吳山十廟香蓋燒年香之俗不獨於吳爲然然吳中所謂十廟者爲蘇州衛報賽河神之所非僧尼道流修行之地見錢思元吳門補乘且十廟確有其處非若世俗之所謂十廟也城東北隅利四圖張香橋一葦庵卽俗稱一廟是也今所存者三耳六廟在北園十廟在回龍閣餘

俱廢

山川壇迎喜

大府擇立春後丁日或壬日喜神正南方率標下弁卒各陳隊伍張列兵器迤邐至山川壇迎祀喜神謂之迎喜俗例趨觀不迭主一歲之不祥故男女紛集爭先恐後東方欲白平安街南巳于于而來小小茶坊亦拂拭桌櫈專待觀者憩息土人置食物供買過午便散謂之迎喜市蔡雲吳歈云南來喜氣遠迎將夾道游人若堵墻一陣香風笑聲起畫樓何處不新粧

案雅志云風雲雷雨境內山川城隍神壇在盤門外一都地隸吳縣蓋府治之正南也迎祀喜神於壇必揚兵演陣猶唐制烟炬爲平安火耳

狀元籌

取科目名色製籌爲局戲歲夕聚博以六骰擲之得狀元者爲勝取及第爭先之讖謂之狀元籌有無名氏狀元籌樂府云陞官圖裏誇捷徑科甲叢中更爭勝獻歲驚聞笑口開果然奪得狀元回舉人進士唾手得何物秀才不出色博取功名只如此安用六經廿一史一籌莫展者誰子

那不呼盧喝爲雉又郭麐有詩云屠蘇飲後明燈燦夜永宵寒人意倦長筵試展紅氍毹男女分曹卜如願牙籌一握長短排上有細字書官階玲瓏骰子數用六紛紛五色迷人目就中狀元貴無比入手爭看色爲喜無心一擲竟全紅失意終朝或三褫其餘瑣細但中程千佛亦足稱名經只有秀才衆所易了無寵辱關重輕平生不識樗蒲齒作戲時時亦聊爾繞牀脫帽或狂呼當日童心正如此人間貴賤會適時柳州序棊言可思一朝得失異愁喜朝士未遽賢羣兒而今孏惰厭聞聒回首年光眞電抹酒醒窗

日已曈曨笑語兒曹莫爭奪

案陸放翁詩呼盧院落爭新歲注鄉俗歲夕聚博謂之試年庚吳穀人祭酒新年雜詠小序云狀元籌緋綠兼行贏輸計籌閨閣中爲消閒之戲南宋有狀元局見蘆浦筆記又清異錄有彩局金金門詩云出身須是狀頭爲誰寫功名上竹枝六子紛投當令節一烏先兆快書痴梟盧遶席呼劉裕仙桂芳年詠牧之十指淋漓渾異事笑他矮屋費清思

陞官圖

又以官階升降爲圖亦六骰擲之取入閣之讖謂之陞官圖有無名氏陞官圖樂府云一朝官爵一張紙可行則行止則止論才論德更論功特進超陞在不同只有贓私大干律再犯三犯局中出紛紛争欲做忠臣楊左孫周有幾人當日忠臣不惜命今日陞官有捷徑

案談書録陞官圖今謂之百官鐸相傳此圖乃明倪鴻寶所造其實官名雖從時而圖戲則自唐已有房千里骰子選格序云開成三年春予自海上北徙舟行次洞庭之陽繫船野浦下遇二三子號進士者以穴骼雙雙

爲戲更投局上以數多少爲進身職官之差筆叢有彩選格久不傳據房序則今之陞官圖卽古之彩選也王阮亭謂彩選始唐李郃宋尹師魯踵而爲之劉貢父又取西漢官秩爲之取本傳所以陞黜之語注其下其兄原父喜而序之蔣春雨選官圖詩近來那便名心淡眼亂官階黜陟書又厲樊榭詞選官圖外論贏輸蓋圖以幺爲贓緋爲德六爲才二三五爲功也吳穀人詩云小繪衣冠隊升階文武同周遭成宦跡呼喝任兒童捷徑三遷裏官情一紙中淸江有題句識取畫圖工

年節酒

元旦後戚若友遞相邀飲至十五日而止俗稱年節酒范來宗留客詩云登門即去偶登堂或是知心或遠方柏酒初開排日飲辛盤速出隔年藏老饕饜飫情忘倦大戶流連態怕狂沿習鄉風最眞率五侯鯖遜一鍋香又蔡雲吳歈云大年朝過小年朝春酒春盤互見招近日款賓儀數簡點茶無復棗花挑

案宋僧道世法苑珠林唐長安風俗每至元旦巳後遞飲酒相邀迎號傳坐酒又危致明岳陽風土記岳州自

元日獻歲隣里宴飲相慶至十二日始罷號曰傳坐酒常昭合志元旦後親朋交宴謂沿襲屠蘇之義郡中新年舊俗點茶饗客有用諸色果及攢棗爲花者名挑瓣茶今廢吳穀人祭酒新年雜詠小序云新年家設酒餚延客三五行卽辭出亦有盡醉而歸者顧清詩茗椀酒杯皆可意好將新歲作傳生

小年朝

初三日爲小年朝不掃地不乞火不汲水與歲朝同

案歲時瑣事正月三日爲小年朝仍燒松棚於圍爐中

遠平志正月三日人多掃積塵於箕並加敝帚委諸
歧路以送窮然各方風俗不同吾鄉凡除夕正月二日
夜冬至夜掃地掃則糞帚不出戸恐如願在其中也

接路頭

五日爲路頭神誕辰金鑼爆竹牲醴畢陳以爭先爲利市
必早起迎之謂之接路頭蔡雲吳歈云五日財源五日求
一年心願一時酬隄防别處迎神早隔夜匆匆搶路頭
案無錫縣志五路神姓何名五路元末禦倭寇死因祀
之今俗所祀財神曰五路似與此五路無涉或曰卽陳

黃門侍郎先希馮公之五子嘗黃門建祠翠微之陽并
祀五侯見元初石函小譜及崇禎間武陵小史明初號
五顯靈順廟曰顯聰顯明顯正顯直顯德姑蘇上方山
香火尤盛號爲五聖崑山家瑞屏公錫疇撰黃門祠碑
記云公墓在楞伽山側子五侯從祀于山之陽家行人
公陳埒無益之言云嘗度仙霞嶺後經一嶺名五顯嶺
嶺有五顯廟極整麗黃門子孫世居光福吳郡乃五侯
父母之邦而楞伽俗名上方尤五侯正首之邱也妖由
人興遂淫昏相憑奸愚互惑云云康熙間湯文正斌巡

撫江蘇毀上方祠不復正五顯爲五通之所譌而祀者皆有禁矣因更其名曰路頭亦曰財神予謂今之路頭是五祀中之行神所謂五路當是東西南北中耳黎里汝秋士亦爲是行神嘗有詩云人爲利所昏所見無非利路頭古行神今作財神例門戸與中霤我鄉已廢祀竈并祀行五祀猶存二粔籹堆滿盤娟竈値廿四雖等燔柴愚尚不失祭義云何年初五相傳路頭至神或臨其室獲利億萬計拜跪肅衣冠饋獻羅酒食所禱非所司明神應吐棄誰歟矯其失正俗重爲祭供雖異籩

羊愛禮情自摯有功當報享尚及猫虎類況此路頭神司行職攸寄丈夫志四方馳驅所有事要皆邀神庥明禋敢或替去其謬悠論引之合禮意行神非財神慎勿紊祈衈

開市

是日市估祀神懸旌返肆謂之開市

案歲時瑣事正月五日俗呼破五日欲有所作爲必過此五日始行之　長元吳志皆云五日祀五路神始開市以祈利達崑新合志云俗呼爲燒利市

七八八穀九天十地

俗以七日爲人日八日爲穀日九日爲天日十日爲地日人視此四日之陰晴占終歲之災祥

案漢東方朔占書歲後八日一日雞二日犬三日豕四日羊五日牛六日馬七日人八日穀其日晴所主之物育陰則災晋議郎董勛答問稱俗云正月一日爲雞二日爲狗三日爲豬四日爲羊五日爲牛六日爲馬七日爲人八日爲穀縷金以相遺改舊從新之意也今人因占書有七人八穀之説遂以九天十地附會之

看參星

八日昏時看參星占歲中之水旱諺云參星參在月背上鯉魚跳在鑊櫳上參星參在月口裏種田種在石臼裏八又以是日參星之隱見卜上元日晴雨諺云上八不見參星月半不見華燈

案盧志吳俗以正月八日爲上八以參星卜一歲之水旱逮夜則老穉聚觀過月西則旱否則多水崑新合志并云初八夜參星在月西北角上則主大稔　歲時通考正月八日爲上八謂是日雨應元宵亦雨

齋天

九日爲玉皇誕辰元妙觀道侶設道場於彌羅寶閣名曰齋天酬願者駢集或有赴穹窿上眞觀燒香者蔡雲吳歈云七日爲人八日穀誰祈人壽穀豐登慣聞九日朝天去香市穹窿第一層

案崑新合志初九日爲天誕清眞觀道侶架閣於庭設醮祀玉帝俗名齋天觀者如堵昭文縣志九日爲天日興福寺僧齋天邑人多早起往觀攷吳自牧夢粱錄正月初九日爲玉皇上帝誕杭城中行香諸富室咸就承

天觀閣上建會又道經正月九日爲玉皇誕然廣月令以十月朔爲天誕節未知孰是　徐崧張大純百城烟水云穹窿山以山深而峻故名相傳漢初平中建上眞觀祀三茅眞君歲久觀廢　國朝順治七年施法師道淵興建殿堂臺閣遂成巨構十五年張眞人洪任題請賜今額有太傅金之俊記

祭猛將

十三日官府致祭劉猛將軍之辰游人駢集于吉祥庵庵中燃銅燭二大如栝棬半月始滅俗呼大蠟燭相傳神能

驅蝗天旱禱雨輒應爲福畎畝故鄉人酬答尤爲心愫前後數日各鄉村民擊牲獻醴擡象游街以賽猛將之神謂之待猛將穹窿山一帶農人舁猛將奔走如飛傾跌爲樂不爲慢褻名曰趕猛將余嘗作神弦曲云揚旌旄陳鹵簿焚旝檀伐鼉鼓三農竭脂膏不惜脫布袴但願明神喜生恐明神怒借問此何神爾農獨畏怖農云劉猛將所司非細故神怒蝗蟲飛神喜甘雨澍斯神實有功田祖同呵護報賽亦人情胡爲乎中路災祥在一心爾農寧不悟

案嘉定縣志劉猛將作劉猛將軍舊府志云相傳神能

驅蝗吳縣志景定間因瓦塔而創初名揚威侯加封吉祥王故廟名吉祥庵怡菴雜錄以爲宋名將劉武穆錡王鏊姑蘇志及常熟縣志亦皆以爲劉武穆錡俗稱節使永定公劉眞君廟而姑蘇志又云猛將名銳乃錡之弟嘗爲先鋒陷敵前及攷宋史劉錡傳有姪曰汜無弟銳之名朱長孺謂古名將往往闔門戮力子弟之功歸之父兄姓名隱没蓋多有之不得以宋史不載遂謂必無其人且紹興之年帝駐平江錡以江東路副總管提舉宿衛親軍并將解潛王奇兩軍爲六軍每軍千人爲

十二將扈從赴金陵安知其弟不以是時立功茲土沒而歆其廟食耶馮班題揚威侯廟詩注云廟祀宋將劉信叔信叔似是其字又宋史自有劉鋭端平三年知文州死元兵難詔立廟賜謚疑卽此神然文州今陝西文縣則又與吳地無涉今俗作劉鞈鞈字仲偃宋欽宗時以資政殿學士使金營不屈死爲神固宜但又不宜祀於吾地則以劉武穆錡或其弟鋭爲近是江震志元旦坊巷鄉邨各爲天曹神會以賽猛將之神謂神能驅蝗故奉之會各雜集老少爲隸卒鳴金擊鼓列隊張蓋徧

走城市富家施以錢粟至二十日或十五日罷吳人事
之甚嚴累著靈異　國朝雍正十二年　詔有司歲冬
至後第三戊日及正月十三日致祭府志載劉猛將軍
廟有五一在閶門外江邨橋西一在盤門營內一在横
塘一在洞庭山楊灣其在中街路宋仙洲巷者俗稱大
猛將堂卽吉祥庵也吳縣舊志十三日詣吉祥庵謁劉
猛將燃巨燭如栝棬至半月始滅　類篇趍趀走急貌
丁度集韻趀作答切音帀吳語謂急走曰趀讀如血音

點竈燈

十三夜懸點竈燈於厨下凡五夜至十八夜止

案崑新合志上元挂點竈燈凡三夜郡城始於十三夜

曰試燈止於十八夜曰收燈徐崧張大純百城烟水云

吳俗十三日爲試燈日十八日爲收燈日

爆孛婁

鄉農以糯穀入焦釜老幼各占一粒曰爆孛婁謂卜流年

之休咎

案范成大吳郡志王鏊姑蘇志張司直太倉州志皆云

吳俗以糯穀爆花曰孛婁府志亦云姑蘇志又云糯穀

投焦釜曰卜流言卜流年也然不詳何日江震志載十三日以糯穀投焦釜作米花謂之爆孛婁老幼各占一粒以卜終歲之休咎崑新合志載十四日以糯穀爆釜中名孛婁謂卜流年休咎也常昭合志載上元日以糯穀投焦釜曰卜流互有不同李戒庵孛婁詩云東入吳城十萬家家家爆穀卜年華就鍋拋下黃金粟轉手翻成白玉花紅粉佳人占喜事白頭老叟問生涯曉來糊飾諸兒女數點梅花插鬢斜

春餅

春前一月市上已插標供買春餅居人相餽貺賣者自署其標曰應時春餅蔣耀宗范來宗咏春餅聯句云十字瓊肌貴蔣吳儂製不同易教厨婢習范難語餅師功舊典堪徵數蔣新嘗豈畫充勻平霜雪白范熨貼火爐紅薄本裁圓月蔣柔還捲細筒紛藏絲縷縷范饞嚼味融融令節傳柑候蔣明燈促席中登盤爭覺美范下箸輒能空觸手書防涴蔣抽毫賦孰工酒停椤腹果范茗佐渴喉通風物家園好蔣春筵歲事豐紅綾懷昔賜范牙齒已成翁蔣

案孫國敉燕都游覽志立春日于午門賜百官春餅陳

三〇七六

迦陵詞爭覓取金盤咬注立春日啖春餅謂之咬春四時寶鏡立春日春餅生菜號春盤府志亦以迎春日啖春餅又江震志宴集以春餅爲上供謂卽古五辛盤遺意吳穀人祭酒詠春餅詩云薦新羣愛樣團欒複疊如堆月一盤次第咬春宜酒配縱横映字趁燈看記逢八日煎曾約莫信吾家說不刊回首紅綾飄昨夢芽檐無恙且加餐

圓子油䭔

上元市人簸米粉爲丸曰圓子用粉下酵裹餡製如餅式

油煎曰油䭔爲居民祀神享先節物

案江震志元夕會飲以米粉作丸子油䭔之屬食之蓋始於永樂十年元夕以糖圓油餅爲節食歲以爲常見皇明通紀　厲靜香事物異名錄引表異録載宇文護置毒糖䭔謂今之元宵子周必大有元宵浮圓子詩時節三吳重圓勻萬里同又范成大上元記吳下節物撚粉團欒意郎今之圓子也吳匏庵粉丸詩旣飽有人頻咳唾席間往往落珠璣杭人謂之上鐙圓子　正字通呼蒸餅爲䭔俗以油煎爲䭔亦通

鐙市

臘後春前吳趨坊申衙里皋橋中市一帶貨郎出售各色花鐙精奇百出如像生人物則有老跎少月明度妓西施采蓮張生跳牆劉海戲蟾招財進寶之屬花果則有荷花梔子葡萄瓜藕之屬百族則有鶴鳳鵪鶉猴鹿馬兎魚蝦螃蟹之屬其奇巧則有琉璃球萬眼羅走馬燈梅里燈夾紗燈畫舫龍舟品目殊難枚舉至十八日始歇謂之燈市

案周密乾淳歲時記元夕張燈以蘇燈爲最圈片大者徑三四尺皆五色琉璃所成山水人物花竹翎毛種種

奇妙儼然著色便面也王鏊姑蘇志吳鐙往時最多范成大詩注有琉璃球萬眼羅二燈尤爲奇絶或生綃糊方燈圖畫史冊故事他如荷花梔子葡萄鹿犬走馬之狀擲空小球燈滚地大球燈又有魚魷鐵絲麥桿爲之者一種名柵子燈在魚行橋盛氏造今不傳或懸剪紙人馬於傍以火運動曰走馬鐙舊府志彩牋鐫細巧人物出梅里名梅里鐙剡紙刻花竹禽魚輕綃夾之名夾紗鐙石湖樂府序云吳中風俗尤競上元前一月已賣鐙謂之鐙市價貴者數人聚博勝則得之喧盛不減鐙

夕詩云吳臺今古繁華地偏愛元宵影鐙戲春前臘後天好晴已向街頭作鐙市疊玉千絲似鬼工剪羅萬眼人力窮兩品爭新最先出不待三五迎東風兒郎種麥荷鋤倦偷閒也向城中看酒壚博塞雜歌呼夜夜長如正月半災傷不及什之三歲寒民氣如春酣儂家亦幸荒田少始覺城中鐙市好今俗市上所賣諸鐙未改古製而鄉鎮別邑又皆買自郡中以是元宵前後喧盛猶昔聞最先元夕前後各采松枝竹葉結棚于通衢晝則懸綵雜引流蘇夜則燃鐙煇煌火樹朱門宴賞衍魚龍

列膏燭金鼓達旦名曰鐙市凡閶門以內大街通路鐙綵遍張不見天日自吾生以來此風久已歇絶則民力之盛衰于斯可見矣

走三橋

元夕婦女相率宵行以却疾病必歷三橋而止謂之走三橋

案長元志皆載上元婦女走歷三橋謂可免百病明陸伸走三橋詞細娘分付後庭雞不到天明莫浪啼走徧三橋燈已落却嫌羅袜汚春泥劉侗帝京景物略謂之

走百病　吳郡此風昔廢今傳故乾隆吳縣志刪去

放烟火

各鄉社廟或放烟火有集數十架於庭次第傳爇媚神以爲樂者范來宗金衙園觀烟火詩云金衙是何園其地曠非奧久成荒礫場旁建社公廟居民思媚神立竿光照耀空中掣金蛇耳畔轟火炮爭趨忘近遠聚觀雜耄少有客遠方來目笑頭屢掉傫直記　禁園盛會元宵鬧漫天黑夜陳遍地白日照雉堞打襄陽蜃樓現海嶠垂老返江湖百思不能到偉哉天上觀豈易人間肖卽此娛社公聊乞

豐年名
案唐高承事物紀原云火藥雜戲始於隋煬帝孟襄陽
謂郎火樹也瞿宗吉烟火戲詩天花無數月中開五色
祥雲繞絳臺沈榜宛署雜記云燕城烟火有響炮起火
三級浪地老鼠沙碙兒花筩花盆諸製有爲花草人物
等形者花兒名百餘種統名曰烟火趙甌北有西廠觀
烟火詩云晚直郊原月未斜昇平樂事覽繁華九邊鹿
靜平安火上苑春催頃刻花跋浪魚龍烟似海劈空雷
電礮爲車歸途尚有餘光照一路林巒映紫霞吾鄉承

平氣象無異輦下也

鬧元宵

元宵前後比戶以鑼鼓鐃鈸敲擊成文謂之鬧元宵有跑馬雨夾雪七五三跳財神下西風諸名或三五成羣各執一器兒童圍繞以行且行且擊滿街鼎沸俗呼走馬鑼鼓范來宗鑼鼓詩云轟連爆竹近還遙到處喧闐破寂寥聽去有聲兼有節鬧來元旦過元宵太平響徹家增樂開道聲稀巷轉囂取次春風催劈柳賣餳時近又吹簫又有無名氏鬧元宵樂府云童兒放學店未開家家鑼鼓喧如雷

新年風物幸無事買得元宵燈未試夾雨夾雪七五三更將走馬爲篠驂迎春既過復迎喜爆竹燒殘鬧方已更縛風鳶一尺長街頭又看東風起

案崑新合志上元節鳴金達旦日鬧元宵江震志元旦羣呼聚類鳴鉦擊鼓以相娛樂或二旬或彌月竹垞鴛湖櫂歌有十棒元宵鼓陳迦陵春夜聽鄰閨擊鼓詞落燈風幾陣催八撾袂琅然響釵應掉吳榖人年鼓詩云急鼓遞鄰牆兒童共拍張一番金奏合千點柘枝忙巷曲喧如此春風記那廂催花花未醒又聽打漁陽

打燈謎

好事者巧作隱語拈諸燈燈一面覆壁三面貼題任人商揣謂之打燈謎謎頭皆經傳詩文諸子百家傳奇小說及諺語什物羽鱗蟲介花草蔬藥隨意出之中者以隃麋陟釐不律端溪巾扇香囊果品食物爲贈謂之謎贈城中有謎之處遠近輻輳連肩挨背夜夜汗漫入夏乃已家震濤打燈謎詩云一燈如豆挂門傍草野能隨藝苑忙欲問還疑終繾綣有何名利費思量

案國語秦客爲廋辭於晉之朝范文子知其三此謎之

緣始也左氏有河魚庚癸之言樂府有石闕藁砧之句皆近於謎特未施之燈耳朱存理古今鈎元云古所謂庾辭卽今之隱語而俗謂之謎吳人元夕多以此爲猜燈正字通云曹娥碑陰大明寺壁東坡研蓋之類皆俗之謎也攷燈謎有二十四格曹娥格爲最次莫如增損格增損格卽離合格也孔北海始作離合體詩其四言一篇合魯國孔融文舉六字餘外復有蘇黃諧聲別字拆字皓首雪帽圍棋玉帶粉底正冠正履分心捲簾登樓素心重門閉珠垂柳錦屏風滑頭禪無底囊諸格要

不及會心格爲最古錢虞山癸亥元夕詩猜殘燈謎無人解又錢世昭私誌載王荆公字謎甚多蓋卽燈謎之祖周密武林舊事以絹鐙翦寫詩詞及舊京諢語戲弄行人又吳自牧夢粱錄商謎者先以鼓兒賀之然後聚人猜謎又都城紀勝來客念隱語說謎名打謎陳迦陵元夜詞更夾路香謎憑人打又沈香巖燈詞打不破村學究燈詞啞王鏊姑蘇志云上元燈市藏謎者曰彈壁燈江震志云好事者或爲藏頭詩句任人商揣謂之燈謎亦曰彈壁蔡鋏翁吳歈注謂謎以西廂曲爲主餘弗

尙焉顧有不盡然者

三官素七子山

上元中元下元日爲三官誕辰俗以正七十月朔至望日嗜素者謂之三官素或以月之一七十日持齋謂之花三官遇三元日士庶拈香駢集于院觀之有神象者郡西七子山有三官行宮釋氏奉香火至日輿舫絡繹香潮尤盛歸持燈籠上銜三官大帝四字紅黑相閒懸于門首云可解厄或有以小杌插香供燭一步一拜至山者曰拜香

案宋史方伎傳苗守信上言三元日上元天官中元地

官下元水官各主錄人善惡蓋三元之名已見魏書舊唐書然不言三官主月攷邱悅三國典略載張角爲太平道張修爲五斗米道使人爲姧令祭酒主以老子五千文使都習號姧令請禱之法書病人姓名說服罪之意作三通其一上之天著山上其一埋之地其一沈之水謂之三官手書使病者家出米五斗以爲常號五斗米師詳後漢劉焉傳注傳以張修爲張衡張陵之子明宋景濂跋曲阿三官祠記亦取典略之說又宣和畫譜有周昉三官像圖道書正月十五日上元九炁天官主

錄百司上詣天闕進呈世人罪福之籍上元十天靈官
神仙兵馬與上聖高眞妙行眞人下降人間考定罪福
中元九地靈官下元水府靈官上元中元下元皆大慶
之月也長齋誦度人經則福及上世身得與神仙並此
吳俗所以多誦經持齋者爾

接坑三姑娘

望夕迎紫姑俗稱接坑三姑娘問終歲之休咎
案劉敬叔異苑紫姑姓何名媚字麗娘萊陽人壽陽李
景之妾不容於嫡常役以穢事於正月十五日感激而

死故世人以是日作其形夜於厠閒或豬闌邊迎之祝曰子胥不在曹姑歸去小姑可出戲提猪覺重者則是神來可占衆事李商隱詩羞逐鄉人賽紫姑此風唐時已然又朱鹿田元夕看鐙詞紅裙私拜紫姑前又熊儒登正月十五夜詩深夜行歌聲絕後紫姑神下月蒼蒼又孔淸江上元詩羣兒嬉戲尚未寢更看紫姑花滿頭又范石湖上元紀吳下節物詩箕詩落筆驚宗懍荆楚歲時記正月望夕迎紫神以卜沈存中夢溪筆談正月望夜迎厠神崑新合志亦以十五日迎紫姑問休咎范

志則以十二月十六日祭厠姑男子不得至今俗已非

百草靈

婦女又有名帚姑針姑葦姑卜問一歲吉凶者一名百草靈鄉閒則有祈蠶之祭

案范石湖上元紀吳下節物詩注筳篿巫志恠香火婢輸誠句下俗傳正月百草靈故掃葦鍼之屬皆卜焉多婢子輩爲之弊帚繫裙以卜名掃帚姑針姑以針卜伺其尾相屬爲兆俗名針姑葦莖分合爲卜名葦姑至白粥以祭蠶神則本歲時記所載王成遇蠶神故事也

驗水表

十五夜月明時立一尺五寸之表於地至夜子正一刻候之以卜旱澇

案韓鄂四時纂要楚俗立春日立八尺表占候日景景短則爲旱長則爲水吳占則于正月望夜負暄野錄云大約據表之長而中分之爲七寸半者二若景適及七寸半爲中正則是歲雨暘時若又以兩七寸半各十分分影在七半以下爲不及主旱影在七寸半以上爲有餘主水極有準的九縣志皆載正月望夜月中建表候

雨暘

鐙節

是夜俗又呼爲鐙節比戶燃雙巨蠟於中堂或安排筵席互相宴賞神祠會館鼓樂以酬華鐙萬盞謂之鐙宴游人以看鐙爲名逐隊往來或雜遝於茶壚酒肆之間達旦不絕橋梁植木桅置竹架如塔形逐層張鐙其上沿河神廟亦植竿引索懸鐙云造橋鐙皆以禳祓蔡雲吳歈云看殘大燭鬧元宵划出旱船怳打招不放月華侵下界煙竿火塔又星橋

案范石湖上元紀吳下節物詩檣炬疑龍見星橋訝鵲成注舟人接竹桅檣之表置鐙於上望之如星又云星橋乃橋鐙也又有句云旱船遥似泛葢舊俗夾道陸行爲競渡之樂謂之划旱船今俗已廢　崑新合志亦云上元各鄉社廟設橋鐙塔鐙

清嘉錄

吳縣　顧祿　鐵卿

卷二目錄

二月

凍狗肉

百花生日

二月十二

觀音生日

觀音山香市山簥

木柿柴

老和尚過江

神鬼天落沙天

春臺戲

解天餉

清嘉錄

卷二　　　　　　吳縣顧　祿鐵卿譔

二月

　元墓看梅花

暖風入林元墓梅花吐蕊迤邐至香雪海紅英綠萼相間萬重郡人艤舟虎山橋畔襆被遨遊夜以繼日李福元墓探梅歌云雪花如掌重雲障一絲春向寒中釀春信微茫何處尋昨宵吹到梅梢上太湖之濱小鄧林千株空作橫

斜狀銅坑寥寂悄無蹤石壁嵯峨冷相向踏殘明月鎖香痕翠羽啾啾共惆悵報道前邨消息眞衝寒那顧攀層嶂玉貌驚看試半妝霜華喜見裁新樣酹酒臨風各有情小別經年道無恙此花與我宿緣多冰雪滿衿抱微尚相逢差慰一春心空山不負騎驢訪

案徐崧張大純百城烟水鄧尉在光福里去城七十里因後晉青州刺史郁泰元葬此又名元墓又引吳縣志圓墓在鄧尉西南六里然相連實一山故一統志及山志合爲一山今俗通稱元墓閒呼鄧尉山人以圃爲業

尤多樹梅府志元墓之西爲彈山彈山西北爲西磧銅坑與西磧並峙西磧之南爲孫堰東爲馬駕向未有名山不甚高四面皆樹梅康熙中巡撫宋犖題香雪海三字於崖壁其名遂著乾隆吳縣志云梅花以驚蟄爲候最盛者以元墓銅坑爲極馬家山費家河頭蟠螭山石壁彈山石樓皆游賞處也而鄧尉山前香花橋上坐而玩之日暖風來梅花萬樹眞香國也　梅花最深處在銅坑中有吟香閣宋高士先朝儀鳳所建閣已久亡嘉慶初鄉先生范芝巖吳曇繡諸公皆有倡和詩家文源

集刻行世先世有元墓探梅路徑一則由光福至三官堂前至費家河頭抵澗裏烏山頭銅坑尋吟香閣遺址過嶴山頭及草庵金魚澗登官山嶺取董份墓至元墓山從蔡家塢一直至柴莊嶺老虎洞姚家河頭宿越日從姚家河頭經光福鳳鳴岡上崎崦嶺司徒廟看清奇古怪四大樹上香雪海由倪家巷銅井山下至潭東上彈山登石樓轉天井上看紅梅綠蕚之和豐庵登六浮閣看太湖至潭西訪五侯公墓過蟠螭山上大石壁歸綉毬山由潭東上長旂嶺過錢家磡一直仍上柴莊嶺

歸舟梅花數十里歷歷在目若誤趨他塗往往有不能徧歷者汪琬詩云新柳條垂著水齊畫橋行傍虎山隄卷簾漸覺香風入一路梅花到崦西又沈朝初憶江南詞云蘇州好鼓棹去探梅公子清歌山頂度佳人油壁樹間來元墓正花開

驚蟄聞雷米似泥

土俗以驚蟄節日聞雷主歲有秋諺云驚蟄聞雷米似泥若雷動于未交驚蟄之前則主歲歉諺云未蟄先蟄人吃狗食

案孝經緯雨水十五日斗指甲爲驚蟄二月節蟄者蟄蟲震驚起而出也

土地公公生日

二日爲土地神誕俗稱土地公公大小官廨皆有其祠官府謁祭吏胥奉香火者各牲樂以酬村農亦家戶壺漿以祝神釐俗稱田公田婆

案周禮春官大示而外有土示地示此後代土地神之所由名也土示五土之示卽社也地示地之百示今祀典自有社稷壇而民閒復立土地廟者社壇古之國社

後代謂之官社民間土地祠記所謂大夫以下成羣立
社曰置社卽後代之里社也古二十五家爲社明史里
社每里一百戶立壇一所祀五土五穀之神左氏傳昭
公二十九年社稷之神爲上公又杜氏注用幣於社謂
請救於上公後漢方術傳有社公之名是天下之社神
宜通謂之公後譌爲土地公公且藺袍烏帽裝扮白髮
翁矣俗又各立名字更非古制如陳確庵尉遲土地廟
序云社以祀山林川澤原隰之神謂之地祇廟以祀先
代之有功德者謂之人鬼今土地廟乃有陸宣公子胥

武侯衛公之稱則合地祇人鬼而一也蓋自世之以人實之于是二月二日之祀或有移祀于所配食者之降生日矣抑知今之二月二日猶古之社也月令二月擇元日命民社鄭注謂祀社稷之神元日謂近春分前後戊日元吉也稱田公田婆者卽提要錄所云社翁社母也田事將興故祀之以祈農祥

牚腰糕

是日以隔年糕油煎食之謂之牚腰糕蔡雲吳歈云二月二日春正饒牚腰相勸餕花餻支持柴米憑身健莫惜終

年筋骨勞又徐士鉉吳中竹枝詞云片切年餻作短條碧油煎出嫩黃嬌年年掌得風難擺怪道吳孃少細腰

案劉若遇蕪史燕俗二月二日用黍麪棗糕以油熬之曰薰蟲吳曼雲江鄉節物詞小序云杭俗二日煎餻爛豆以祀土地謂卽春祭社之禮有餻花凝白豆萁紅之句　方以智通雅堂卽踉一作掌雌爭反集韻支柱也崑新合志二月二日食門腰糕門字書無此字俗呼雌鎗反去聲

文昌會

三日爲文昌帝君誕大吏致祭於竹堂寺畔之廟廟屬長洲境故長邑宰亦祭于此他邑有其廟者各邑宰爲之主祀餘如道宮法院會館善堂供奉帝君之像者俱修崇醮錄謂帝君掌文昌府事主人間祿籍士大夫酬答尤虔雖貧者亦備分燒香紛集殿庭謂之文昌會

案祀典二月三日爲文昌誕辰官爲致祭本道書二月三日爲文帝誕辰之說文昌祠俗亦稱梓潼帝君廟孫光憲北夢瑣言神姓張名惡子居梓潼縣之七曲山仕晉戰沒人立廟祀之馬貴與通考云唐元宗僖宗入蜀

皆有封號宋咸平中封英顯王迨至元世進號帝君特
設廟祀於是天下學校皆有祠明史禮志宏治中禮部
尙書周洪謨議罷此祀并毁祠之在學校者謂梓潼顯
靈於蜀廟食其地爲宜嘉靖中倪文毅請正祀典疏亦
本周說葉石林巖下放言載蜀有二舉人行至劍門張
惡子廟夜各夢神預作來歲狀元賦甚靈異高文虎蓼
花洲閒錄亦載此事後人以其於科目有靈感且元代
嘗封爲文昌君道家遂取陰隲文十七世爲士大夫之
說以實之但攷史記天官書斗魁戴匡六星爲文昌宮

四曰司命五曰司中六曰司祿其三曰上將次將貴相
屈原九歌分大司命少司命爲二朱竹垞謂少司命卽
星經所云司命二星在虛北司祿二星在司命北大司
命則文昌之第四星也古之祀文昌者司中司命今之
號爲帝君者蓋司祿也楚詞後文昌使掌行兮顧命中
宮勅百官王逸註天有三宮謂紫微太微文昌也孝經
援神契云文者精所聚昌者揚天紀輔拂並居以承天
象故曰文昌宮然則梓潼神之與文昌六星無涉信矣
崔鴻後秦錄姚萇立張相公廟於梓潼嶺李義山詩稱

張惡子廟則知唐時無文昌之稱虞文靖相如院文昌萬壽宮記云元初但稱七曲神君王宗沐續通考景泰五年始勅賜梓潼爲文昌宮是梓潼張神之爲文昌帝君或自此相沿與

凍狗肉

八日爲祠山張大帝誕相傳大帝有風山女雪山女歸省前後數日必有風雨號請客風送客雨雖天氣甚温又必驟寒俗有大帝吃凍狗肉之諺

案張司直太倉州志云二月八日爲張大帝生日必有

風雨釀寒常昭志亦云又云大帝吃凍狗肉逢辰日上天有接客風送客雨攷晉詹仁澤祠山家世編宋程棨三柳軒雜識俱引祠山事要有化身爲㲋督陰兵浚河爲夫人李氏所覘工遂輟是以祀之避豨用犬劉繩庵重修廟記每春陰多寒折俎用凍脯此殆俗所傳凍狗肉之説歟

百花生日

十二日爲百花生日閨中女郎翦五色綵繒黏花枝上謂之賞紅虎邱花神廟擊牲獻樂以祝仙誕謂之花朝蔡雲

吳歈云百花生日是良辰未到花朝一半春紅紫萬千披
錦繡尙勞點綴賀花神
案田汝成西湖游覽志云花朝月夕世俗恒言二八兩
月爲春秋之中故以二月半爲花朝八月半爲月夕周
處風土記及提要錄皆以二月十五日爲花朝然翰墨
記以二月十二日爲花朝誠齋詩話東京亦以二月十
二日爲花朝宣府志花朝節城中婦女剪綵爲花插之
鬢髻以爲應節崑新合志云二月十二日爲花朝花神
生日各花卉俱賞紅鎭洋志以十二日爲崔元微護百

花避封姨之辰故剪綵條繫花樹爲旙然鄭還古博異記載元微事只云春夜不言月日

二月十二

土俗以花朝日天氣清朗則百物成熟諺云有利無利但看二月十二

案賈思勰齊民要術作有利無利但看四月十四郡八又作有利無利但看三箇十二謂二月十二三月十二四月十二也　吳縣志謂花生日晴則百果熟

觀音生日

十九日爲觀音誕辰士女駢集殿庭炷香或施佛前長明燈油以保安康或供長旛云求子得子旣生小兒則於觀音座下皈依寄名可保長壽僧尼建觀音會莊嚴道場香花供養婦女自二月朔持齋至是日止俗呼觀音素六月九月朔至十九日皆如之

案張謂宣室志載唐敬宗時厨吏修御膳烹卵聞鼎中呼觀音菩薩聲甚淒咽因罷斥緇徒之詔詔郡國各於精舍塑觀音菩薩象然未明言男女今皆作女人象法相端嚴確指爲梁妙嚴公主得道成佛并相傳十九日

爲觀音誕六月十九日爲觀音成道之辰見吳縣舊志

觀音山香市

觀音誕日有至支硎山朝拜者望前後已聯綴於塗馬鋪橋迤西乃到山路也人多賃坐竹輿資以代步不帷不葢兩人肩之以行俗呼觀音山轎子

案府志云府西二十五里有支硎山以山之東趾有觀音寺故又名觀音山長元吳志皆云二月十九日爲觀音誕支硎山士女連袂進香徐崧張大純百城烟水云支硎山俗稱觀音山三春香市最盛黃省曾吳風錄云

二三月郡中士女渾聚至支硎觀音殿供香不絕沈朝初憶江南詞云蘇州好二月到支硎大士焚香開寶座小姑聯袂門芳軿放鶴半山亭

木柹柴

觀音山人以棗栗諸木作盂盌葫蘆之屬或以寸木作糙域上覆如笠下懸如針旋轉爲戲俗呼轉盤嵒又以柳木片膠粘作小舫爲小兒玩物頗不耐弄俗有乖乖觀音山買木柹柴之謠

案晉書王濬爲益州刺史造船木柹蔽江而下又魏書

太祖營梓宮木柿盡生成林五代周顯德四年修永福殿役徒有削柿爲匕以瓦噉飯者　集韻韻會柿芳廢切音肺說文削木札樸也从木朩聲陳楚謂櫝爲柿徐鍇曰即木櫝也又削下木片也後漢楊由傳風吹削柿又顏氏家訓削柿削札櫝之柿古者書誤則削之左傳云削而投之是也吳語謂削木片曰木柿

老和尚過江

二十八日爲老和尚過江必有風報若吹南風主旱

案范成大吳船錄云丁巳泊長蘆襆被宿寺中此爲菩

薩達摩一葦浮渡處然未嘗指定此日也　崑新合志謂二十七日二十八日南風主旱諺云念七念八吹得廟門閂蛳螺螄蜆哭哀哀

神鬼天　落沙天

淸明前後陰雨無定俗呼神鬼天或大風陡起黄沙蔽日又謂之落沙天蔡雲吳歈云㝑柳吹花風作顛黄沙疾捲路三千寄聲莫把冬衣當耐過一旬神鬼天

案劉侗帝京景物畧燕俗謂陰雨爲酒色天

春臺戲

二三月間里豪市俠搭臺曠野醵錢演劇男婦聚觀謂之春臺戲以祈農祥蔡雲吳歈云寶炬千家風不寒香塵十里雨還乾落鐙便演春臺戲又引閒人野外看

案湯文正公撫吳告諭中有云地方無賴棍徒借祈年報賽爲名每至春時出頭歛財排門科派于田間空曠之地高搭戲臺鬨動遠近男婦羣聚往觀舉國若狂

解天餉

春中各鄉土地神廟有解天餉之舉司香火者董其事廟中設櫃收納阡張元寶俗呼錢糧凡屬境内居民每戶獻

納一副十副數十副不等每完一副必輸納費制錢若干文名曰解費獻納稍遲則遣人于沿街鳴鑼使聞謂之催錢糧有頭限二限三限之目限滿之日盛設儀從鼓樂戴甲馬舁神至穹窿山上眞觀以錢糧焚化玉帝殿庭爲境內居民祈福名曰解天餉

案沈榜宛署雜記云阡張鑿紙爲條與冥錢同類　又吳雲岫吳中百一謠云天亦何所欲而徵人間餉年年解穹窿愚俗甘受誑

清嘉錄

卷三目錄

吳縣　顧祿　鐵卿

清嘉錄

清嘉録

吴縣顧　祿鐵卿譔

卷三

三月

田雞報三月溝底白莎草變成麥

三日農民聽蛙聲於午前後以卜豐稔謂之田雞報諺云田雞叫拉午時前延先切大讀作度年在高田田雞叫拉午時後低田弗要愁俗又以是日晴宜麥諺云三月溝底白莎草變成麥

案范成大詩薄暮蛙聲連晚鬧今年田稻十分秋褚人穫堅瓠集云吳中以上巳蛙鳴則無水患諺云三月三箇蝦蟇禁口難開又九縣志皆載占諺云午前鳴高田熟午後鳴低田熟并載唐人詩云田家無五行水旱卜蛙聲　沈嘉轍南宋襍事詩云家鄉風物嗜鳴蛙葉紹翁四朝聞見錄云杭人嗜田雞如炙卽蛙也今吾鄉亦名蛙爲田雞多喜嗜之　長元吳志又皆載三月溝底白之諺崑新合志并云是日晴三青賤俗云雨打石頭偏葉子三錢片

野菜花眼亮餻

薺菜花俗呼野菜花因諺有三月三螞蟻上竈山之語三日人家皆以野菜花置竈陘上以厭蟲蟻侵晨村童叫賣不絶或婦女簪髻上以祈清目俗號眼亮花或以隔年餻油煎食之云能明目謂之眼亮餻

案蘇東坡物類相感志總論三月三日收薺菜花置燈檠上則飛蛾蚊蟲不投吳曼雲江鄉節物詞小序云杭俗上巳日置薺菜花於竈上可驅蟲蟻詩云一枝春向竈觚探田汝成西湖游覽志三月三日男女皆戴薺菜

花諺云三春戴薺花桃李羞繁華江震志亦並載此俗又崑新合志云三月三日冬鄉村舁神朝嶽帝曰野菜會北鄉更盛兒女皆簪野菜花或以野菜花抹竈可驅蟲蟻　吳自牧夢粱錄謂清明以柳條插門名曰明眼與吾鄉三日戴薺花之俗取意略同

插楊柳

清明日滿街叫賣楊柳人家買之插於門上農人以插柳日晴雨占水旱若雨主水諺云檐前插柳青農夫休望晴案五代後周序江淮閒寒食日家家楊柳插門吳自牧

夢粱錄云清明日家家以柳條插門上又周密乾淳歲時記清明前三日家家插柳大家則加棗䭉於柳上又喻正巳詩話雋永賈秋壑詩云寒食家家插柳枝又史梅溪欽縱齋詞有柳戸清明之句九縣志亦皆載清明日插柳於檐昆新合志又云寒食日插麥葉於門戸并云是日宜雨諺云雨打墓頭田高低好種田

戴楊柳球

婦女結楊柳球戴鬢畔云紅顏不老楊韞華山塘櫂歌云清明一霎又今朝聽得沿街賣柳條相約比鄰諸姊妹一

枝斜插綠雲翹

案段成式酉陽雜俎唐中宗三月三日賜侍臣細柳圈帶之可免蠆毒唐書李適傳謂細柳圈辟癘又劉若愚蕪史云清明日戴柳枝於髮又吳曼雲江鄉節物詞小序云杭人清明多有采柳枝插鬢者詩云新火纔從竹屋分綠煙吹作雨紛紛楊枝最是無情物也逐春風上鬢雲吳縣志亦載清明日人帶柳圈又江震志清明男女咸戴楊柳諺云清明不帶柳紅顏成皓首崑新合志則云寒食日男女胥佩戴麥葉此又一說

過節

人無貧富皆祭其先俗呼過節凡節皆然蓋土俗家祭以清明七月半十月朝爲鬼節端午冬至年夜爲人節逢鬼節則祭用麥麪燒紙焚錠亦鬼節爲盛新喪終七而未逾年者多招釋氏羽流諷經禮懺以資冥福至親往拜靈座謂之新清明

案杜甫詩注秦人呼寒食爲熟食謂不動煙火預辦熟食物過節也吴人過節二字本此程氏遺書寒食常禮祭先稱家有無　崑新合志云十月朔名鬼節又云清

明前二日爲寒食新喪終七而未逾年者皆設長饗以
祭新葬者亦然江震志皆云人有新亾者其家必倍悲
痛名新寒食至戚則往祭於几筵俗呼排座　吳俗清
明七月半十月朔家祭用麥麪猶鄴中寒食祭先用麥
飯也

青糰焐熟藕

市上賣青糰焐熟藕爲居人清明祀先之品徐達源吳門
竹枝詞云相傳百五禁廚煙紅藕青糰各薦先熟食安能
通氣臭家家燒筍又烹鮮

案盧志寒食祭先以稠餳冷粉糰并引呂希哲歲時雜記謂兩浙民俗以養火蠶故於此日禁火今俗用青糰紅藕皆可冷食猶循禁火遺風然與鬼神享氣之義不合故仍復有燒筍烹魚以享者蔡鐵翁詩燒筍烹魚例薦先然江震志又皆云寒食祭先用角糉青糰青糰鄉人擣稽麥汁搜粉爲之　集韻類篇炶竝烏臥切音涴猶言煖也吳語謂煮食物得煖氣而易爛曰炶

上墳

士庶並出祭祖先墳墓謂之上墳閒有壻拜外父母墓者

以清明前一日至立夏日止道遠則泛舟具饌以往近則提壺擔盒而出挑新土燒楮錢祭山神奠墳鄰皆向來之舊俗也凡新娶婦必挈以同行謂之上花墳新葬者又皆在社前祭埽諺云新墳不過社周宗泰姑蘇竹枝詞云衣冠稽首祖塋前盤供山神化楮錢欲覓斷魂何處去棠梨花落雨餘天又蔡雲吳歈云柁尾飄飄挂紙錢出城都是上墳船荒原落葉何曾埽勝地名花別有緣

案禮記宗子在他國庶子無廟孔子許望墓爲壇以時祭祀此墓祭之本也但未必在寒食而五代史周世宗

紀論云五代禮壞寒食野祭而焚紙錢似野祭始於五
代矣然蔡中郎謂古不墓祭魏文帝黄初三年詔用此
語自作終制亦云禮不墓祭則漢魏時固有墓祭者漢
元帝追念蕭望之每遣使祭其冢光武令諸功臣皆過
家上冢又遣使祭竇融父冢且孟子書有墦閒之祭韓
詩外傳有椎牛祭墓之文史周本紀云武王上祭於畢
畢文王墓地也吳越春秋夏少康封禹庶子於越春秋
祠墓於會稽則夏時已有墓祭周官小宗伯成葬而祭
墓爲位冢人凡祭墓爲尸檀弓記有司以几筵舍奠於

墓左注疏皆謂祭后土之神朱子云周禮上巳有墓祭則以爲祭先矣竊意後人因后土之祭而并祀祖先爾漢書光武紀建武十八年八月有事於十一陵則期又在八月又朱買臣傳云故妻夫家上塚亦未詳何時舊唐書載開元二十年敕云寒食上墓禮經無文近代相沿寖以成俗士庶之家宜許上墓編入五禮永爲常式又柳子厚與許京兆書近世禮重拜埽每遇寒食皁隸傭丐皆得上父母丘墓則寒食之期始於隋唐閒也徐凝詩云嘉興縣裏逢寒食落日家家拜埽回此更可証

程氏遺書謂拜墳十月一日拜之感霜露也寒食則從常禮祭之東坡有海南人不作寒食而以上巳上冢詩云鹿門山下德公回或據此以爲寒食上墓漢已有之然章懷注龐公傳引襄陽記止云司馬德操來候值德公渡沔上先人墓云云初不言時日東坡傳但以上冢借龐公爲言耳喻正巳詩話雋永賈秋壑於德祐元年寒食上母墳周密武林舊事清明前三日爲寒食人家上冢而野祭尤多婦人淡妝素服提攜游女分餕游息又吳自牧夢粱錄清明日諸宮妃王子墳堂行享祀禮

官員士庶俱出郊省墳以盡思時之敬今崑新合志寒食往祭先壠謂之埽墓又常昭合志淸明祭墓謂之上隴又江震志皆載淸明士女並出祭墓俗呼上墳又云今婦人並出祭墓惟新寒食及新娶婦之家爲然餘則否府志及長元吳志皆云寒食淸明埽墓又褚人穫堅瓠集云吳中於淸明前子女長幼持牲醴楮錢祭埽墳墓雖至貧乞之亦備壺醪豆豕閒有族人祭無祀孤塚夫祭外父母者紙灰滿谷哭聲哀戚有古淳樸之風洞庭山又以餕餘燕諸族人親友互相庀具壺觴騰湧歡呼

鼓腹祭先睦族之誠又他鄉之所不及

紙錠

土俗家祭墓祭皆焚化紙錠紙以白阡切而爲陌俗呼白紙錠有滿金直电之分以金銀紙箔糊成其有挂於墓者則彩箋翦長縷俗呼挂錢亦曰挂墓家日新紙錢詩云紙錢紙錢誰所作人不能用鬼行樂一絲穿絡挂荒墳梨花風起悲寒雲寒雲滿天風括地片片紙錢吹忽至紙錢雖多人不拾寒難易衣饑換食勸君莫把紙錢嗔不比鑄銅爲錢能殺人朝爲達官暮入獄只爲銅山一片綠

案唐書王嶼傳云漢以來葬者皆有瘞錢後里俗稍以紙翦錢爲鬼事開元二十六年嶼爲祠祭使始用之禳祓祭祀范傳正謂惟顏魯公眞卿張司業參家祭不用紙錢王建寒食行云三日無火燒紙錢紙錢那得到黃泉又徐凝詩云惟有縣前蘇小墓無人送與紙錢灰是則唐時已盛行乃歐陽修謂始於五代又都元敬聽雨記談亦謂金銀楮錠及錢始於五代又引清異錄載周世宗發引之日金銀錢寶皆寓以形而楮泉大若盞口其印文黃曰泉臺上寶白曰冥游亞寶宋僧道世法苑

珠林又謂紙錢起於殷長史更不知何本宋錢若水不燒楮鏹吕南公爲文頌之邵康節祭祀焚楮錢伊川見而怪問之曰亦明器之義周益公雜志辨楮幣謂俗人創二字通上下皆用猶紙錢也則宋時紙錢眞作錢樣

吳縣志清明前後埽墓挂紙錢於冢又崑新合志云楮錠有翦長縷者名挂錢俗云挂墓　錢唐姚春漪詩注㡌音環去聲杭州土音也吳人亦謂背負物曰㡌

山塘看會

清明日官府至虎邱郡厲壇致祭無祀游人駢集山塘號

爲看會會中之人皆各署吏胥平日奉侍香火者至日各舁神象至壇舊例除郡縣城隍及十鄉土穀諸神之外如巡撫都土地諸神有祭事之責者皆得入壇謂之督祭凡土穀神又咸以手版謁城隍神短簿祠道流以王珣爲地主袍笏端莊降階迎接每會至壇簫鼓悠揚旌旗璀璨鹵簿臺閣鬭麗爭妍民之病愈而許願服役者亦多與執事或男女縲絏裝重囚隨神至壇撤枷去杻以爲神赦選小兒女之端好者結束鮮華赤腳跕立人肩或置馬背號爲巡風會過門之家香蠟以迎薄暮反神於廟俗呼轉壇會

蔡雲吳歈云紛紛神役與神四多事舁神到虎邱郤愛巡
風小兒女繡衣花帽騁驊騮又郭麐山塘竹枝詞云靈旗
社鼓說迎神長吏同班露冕春一例折腰手版內那知張
翰與王珣又楊韞華山塘櫂歌云三騶排立厲壇勻縣長
朝來監祭神一樣陰司重地主階前袍笏立王珣
案易城復於隍此城隍之名所由昉也左傳祝宗用馬
於四鄘又祈於四鄘杜預注鄘城也錢竹汀以爲城隍
之祀之濫觴趙與旹賓退錄謂蕪湖城隍祠建於吳赤
烏二年是三國時已有之北史慕容儼鎮郢城城中先

有神祠一所號城隍神南史梁邵陵王綸祭城隍神隋書五行志梁武陵王紀祭城隍神將烹牛有赤蛇繞牛口綸與紀皆與儼同時祀城隍神見諸此至唐遂盛張說韓愈杜牧之麴信陵皆有祭城隍之文杜甫羊士諤有賽城隍詩李白鄂州刺史韋公德政碑云大水滅郭公抗詞正色言於城隍其應如響李陽冰縉雲縣城隍廟記云城隍神祀典無之吳越有爾李昉等太平廣記吳俗畏鬼每州縣必有城隍神歐陽公跋云城隍廟今天下皆有而縣則少賓退錄又云負城之邑亦有與郡

縣兩立者陸放翁鎮江府城隍廟記云唐以來郡縣皆祭城隍今世尤謹守令謁見儀在他神祠上社稷雖尊猶以令式從事至祈禳報賽獨城隍神而已陸鳳藻小知錄載洪武二年上在朝陽殿夢東莞城隍及鉢盂山土地云每歲致祭無祀一次不敷乞飭有司歲祭三次厲幽魂得以均沾上覺而異之召禮部議詔天下無祀者歲凡清明中元十月朔郡邑官致祭著爲令我　朝因之　府志郡厲壇在虎邱山前附郭三邑統祭於此沈朝初憶江南詞云蘇州好節序届清明郡廟旌旗壇

裏盛十鄉臺閣半塘迎看會徧蘇城注虎邱厲壇清明賽會最盛十鄉城內外土穀神也聞古者像不土繪以神主洪武三年詔天下城隍止立神主土稱某府某州某縣城隍之神今吳中土穀之神分配古賢名姓塑象奉祀如任彥昇蔣子文張翰王珣之類皆是且昔之導以神牌者今皆舁像矣嘗閱曝書齋集有山塘即事詩云寒食山塘路游人隊隊偕桁楊充皁隸簫鼓導神牌紅粉齊當牖銀花有墮釵殷勤短主簿端笏立阼階神來官道擁祝祭厲壇仍活脫青袍引縱橫繡幰乘巫風

書具訓奢俗禮宜懲手版紛紛集吾儕張季鷹攬雲居士吳門續畫舫錄云吳中嘗以清明中元十日朔三節賽神祀孤於虎邱郡厲壇舟子藉諸麗品以昂其價畫舫鱗集山塘視競渡尤盛競渡止經旬之約賽會盡一日之歡西舫東船伊其相謔直無遮大會云

犯人香 回殘燭

府城隍廟俗稱大廟郡中市肆懸旌入行以及聚規罰規皆在廟臺擊牲演劇香火之盛什伯於他神祠而士庶答賽尤爲心慊大堂二堂皆有其象三節入壇則舁二堂之

象俗呼出會城隍寢宮裝塑夫人謂之後宮人病其戚若友聯名具疏於廟以祈神佑謂之保福告痊謂之拔狀或許願于神病既愈富家召優伶演劇供獻冠袍鞾履貧寠之子亦必倩祝史獻牲謂之還願無日無之女子爲後宮侍從男子爲廊下隸卒署名腰牌上注服役月日年紀其人死卽肖象于廟或病者暗充罪人有畢生爲神犯者有歷五年三年爲滿者謂之暗犯遇清明節殿前燒香焚化批文名曰犯人香七月半十月朔節亦如之三五日前已紛紛投到既死恐眞爲犯鬼又必焚疏求釋廟左右紙馬

鋪攔街挜賣香燭錢糧不絕廟祝司香收神前殘蠟復售於燭肆俗呼回殘蠟燭

案府志云府城隍廟在武狀元坊卽雍熙寺基地隸吳縣舊在子城西南隅明洪武三年改建今所又云吳縣城隍廟明初附象于府城隍西廡萬歷二十三年知縣袁宏道創建於廟儀門之右其儀門之左長洲縣城隍廟在焉元和縣城隍廟則在鈕家巷雍正四年卽土穀神張明廟改建　舊唐書王毛仲傳管閑廐芻粟之類每歲回殘常致萬斛又新唐書食貨志太和九年以天

下回殘錢置常平倉本錢吳人謂買物用過仍賣店中

曰回殘二字本此

放斷鷂

紙鳶俗呼鷂子春晴競放川原遠近搖曳百絲晚或繫燈

於線之腰連三接五曰鷂燈又以竹蘆黏簧縛鷂子之背

因風播響曰鷂鞭清明後東風謝令乃止謂之放斷鷂楊

韞華山塘櫂歌云春衣稱體近清明風急鷂鞭處處鳴忽

聽兒童齊拍手松梢吹落美人箏

案唐高承事物紀原紙鳶其製不一上可懸鐙又以竹

爲絃吹之有聲如箏故又曰風箏明徐充暖姝由筆謂紙鳶鷂子也一曰風箏褚人穫堅瓠集云吳中小兒好弄之然當其摶風而上蓋亦得時則駕者與張元長筆談載梁伯龍戲以綵繒作鳳凰吹入雲端有異鳥百十拱之觀者大駭近作女人形粉面黑鬢紅衣白帬入於雲霄嬝娜莫狀懸絲鞭於上輒作悅耳之音春日放之以春之風自下而上紙鳶因之而起故有淸明放斷鷂之諺常昭合志兒童放紙鳶以淸明日止曰放斷鷂今俗札作人物故事蟲介諸式皆加以鷂之名且作鷹隼

鴻鴈之形呼曰老鷹鷂鴈鵞鷂眞昧於鷂之義矣吳穀人新年雜詠小序云杭俗春初競放鐙鷂淸明後乃止諺云正月鷂二月鷂三月放个斷線鷂　陳迦陵春城望紙鳶詞急景難淹又天半夜鐙初上見火蛾旋繞飛下雪梨十丈注風箏入夜必緪鐙火并於其上高放梨花雪爆今吾鄉亦不乏此好事者

野火米飯

是日兒童對鵲巢支竈敲火煮飯名曰野火米飯

案輦下歲時記淸明尙食內園官小兒於殿前鑽火先

得火者進上賜絹三疋金椀一口吾鄉野火米飯猶循
鑽火遺風錢思元吴門補乘亦載野火米飯之俗

游春玩景看菜花

春暖園林百花競放閽人索埽花錢少許縱人流覽士女
雜遝羅綺如雲園中畜養珍禽異卉靜院明軒挂名賢書
畫陳設彝鼎圖書又或添種名花布幕蘆簾隄防雨淋日
炙亭觀臺榭妝點一新尋芳討勝之子極意留連隨處各
有買賣趕趁香糖果餅皆可人口瑣碎玩具以誘悅兒曹
者所在成市游玩天平靈巖諸山者探古蹟訪名勝兜輿

駿馬絡繹於塗虎邱山下白隄七里綵舟畫楫銜尾以游南園北園菜花徧放而北園爲尤盛暖風爛漫一望黃金到處皆絞縛蘆棚安排酒罏茶桌以迎游冶青衫白袷錯雜其中夕陽在山猶聞笑語蓋春事半在綠陰芳草之閒故招邀伴侶及時行樂俗謂之游春玩景蔡雲吳歈云鄧尉山下梅花香十三橋下數輕航雪海一番風信過武邱再訪玉蘭房又云慈雲稽首古支硎針線非關社日停別業師林推第一帬衫穿透碧瓏玲又云北園看了菜花回又早春殘設餞盃此日無錢看買酒半壺豔色倒玫瑰又

楊韞華山塘櫂歌云觀音山簥最輕盈柳側花閒好並行儂是牡丹郎蛺蝶相隨一路到天平又云尋春剛遇落花時好遣小蠻唱柳枝癡絶烏篷幫屐客新詩題滿白公祠又云茶寮高隱綠楊枝玉几堆盤位置宜一椀香茗數家食眼前無地覓貧兒又云北園春盡菜花香。野蝶飛來都變黃。歸棹齊門看落照。紅鐙一道出山塘。

案莫旦蘇州賦有樓船鼓吹兮暮春嬉之語注吳俗好遨游當春和景明鶯花爛漫之際用樓船簫鼓具酒肴以游上方石湖諸處上巳日爲最盛綺川子弟傾城而

出茶賽博戲無貧富早集盧志亦云上巳日士女皆於池亭流觴曲水效修禊故事然今皆不傳惟長元吳志並載二月始和卽命樓船簫鼓游山覽勝又范志春時用六柱船紅幕青蓋載簫鼓以游虎邱靈巖爲最盛又徐崧張大純百城煙水云二月始和虎邱天平觀音上方諸山游人最盛竹輿輕窄上下如飛又邵長蘅冶游詩云二月春始半踏青邀女伴小桃虎邱紅新柳山塘短今蓋猶不異於昔云吳縣志又謂吳人好游以有游地有游具有游伴也游地則山水園亭多於他郡游具

則旨酒嘉肴畫船簫鼓咄嗟而辦游伴則選伎聲歌盡態極妍富室朱門相引而入花晨月夕競爲勝會見者移情　吾鄉園林第宅爲近日游人所爭集者如潘儒巷之獅子林元至正閒天如則禪師倡道之地中多奇石陰洞與奧倪高士瓚愛其景爲之繪圖舊在寺中本朝康熙閒黃小華殿譔軒之父購爲涉園　聖祖　高宗南巡屢幸其地園中有古松五株皆生石上俗又名五松園舒鐵雲游獅子林作云百轉百邱壑一步一階級縮地無近謀漏天有餘溼雲林老畫師筆

筆不相襲凝神慘經營彈指妙結習載瓶水齋集中北
街拙政園明王獻臣別墅後歸徐氏再易主爲海昌陳
相國之遴別業既籍官爲廨署署廢爲民居乃東偏歸
蔣棨名復園西偏歸葉士寬名書園今爲吳松圃協揆
璥宅百城煙水稱其地林木絕勝內有寶珠山茶三四
株交柯合理花時鉅麗鮮妍紛披照矚爲江南所僅見
閶街頭巷網師園本爲淸河道宋宗元搆以養母有網
師小築十二詠今歸太倉瞿氏俗稱瞿園閶門外下塘
花埠街劉蓉峰觀察恕寒碧莊俗稱劉園本爲明徐冏

卿泰時東園故址園之東北今尙有東園衖恕燮石園中聚奇石爲十二峰載府志虎邱山浜白公祠嘉慶二年太守任公兆坰卽蔣氏塔影園改建蓋園本程氏故居蔣氏有之襲塔影之名實非家云美先生故第也中有仰蘇樓懷杜閣又有思白堂流泉壘石花木鬱然爲往來嘉客讌集之所道光五年邑侯萬公臺重修卽思白堂改爲慕李軒并增葺臨流小閣顏曰塔影山光又一榭園本爲薛六郎墳菴孫淵如觀察星衍所築卽其左爲滬瀆侯祠一名憶歗園中有授書堂寶順齋壺天

小閣齋壁嵌置順陵碑凡四十七石閣壁嵌置薛氏舊墓石鼓全文凡七石閭邱坊巷錢武肅王分祠一名息園吾家依園故址也乾隆時蔣曰棵楊大琛先後居之嘉慶十六年錢叅軍鋒改築中有一邱相傳爲梁妙嚴公主墓築臺其上曰妙嚴臺靈巖山碧玲瓏館向爲畢秋帆制府沅別業今爲虞山蔣氏祠又盤門內之樂園爲陸氏宅故又名陸園他如鍾吾山之上眞觀西山之無隱吾與來鶴何亭德雲普賢藕花總持林寒山法螺諸靜室及南城之結草庵流水禪居諸禪房又南濠之

人參會館關東會館泉州會館洞涇內之同仁堂培德堂虎邱之同善堂南濠之體善堂亦皆小有花圃帬屐駢集如古蹟則有支硎山之碧琳泉穹窿山下之朱買臣讀書臺城南之蘇子美滄浪亭桃花塢之唐六如祠後板廠之蔣深繡谷園中有繡水蘇齋交翠堂諸勝又包家墩之小雲栖爲周忠介公順昌讀書處又虎邱後山之玉蘭房相傳爲宋南渡時朱勔自閩移置將進御而汴梁已失遂棄植於此明天啟初爲大風所摧今孫枝復高三尋花時爛漫如雪又楓橋西沿塘小停雲館

本爲　國朝王庭魁宅後歸袁廷檮葺爲漁隱小圃後查氏改爲緲雲別墅門對郊原有樓翼然茶花盛放可以遠眺俗又名茶花樓至若靈巖山之館娃宮響屧廊采香涇琴臺石室俗稱西施洞相傳爲吳王囚范蠡處吳王井二圓者象天八角者象地爲吳王避暑處池四爲澣花上方洗硯澣月石之奇巧者十有八爲石鼓二石射堋醉僧石石鼉壽星石佛日巖披雲望月二臺石樓袈裟石石髻石城靈芝石石馬槎頭石獻花石藏經石幢貓兒石俗稱靈巖十八景名勝則有吾家山之石

壁天平山南趾之白雲寺唐寶歷二年建今改爲范文正公功德院并其祖墓在焉故俗稱范墳其後羣石林立者曰萬笏朝天萬歷末范參議公允臨搆爲别業亭觀臺榭璀璨一時遠望如畫圖中蓬萊三島引泉爲沼帶以修廊通以石梁有㝛言室咒鉢菴來燕榭聽鶯閣宛轉橋諸勝其室聯有門前綠水飛奔下屋裏靑山跳出來之句山半有白雲泉甚白而甘葢乳泉也别有一泉如綫注出石罅者曰一線泉龔明之中吳紀聞云此龍湫也雖大旱不竭𡼖山在陽山百城煙水云東北峰

之最高者舊名來鶴望之如狻猊土人指岩崿爲雌巑爲雄相傳始皇時有管仙人隱於此故又名管山山上諸神祠皆依山爲榭曲池修廊可供游人眺賞好事者結蘭花社會奇花異瓣互相鬪勝韋漣懷游巑山詩云何人鑿山劚雲竄排空忽架金銀臺回廊曲檻路窈窕飛欄橫跨長松堆香蘭座上競奇馥水仙座上先春梅鈿車寶馬滿香陌蝴蜨上髩流鶯猜吳儂好事媚神鬼冶游不惜千瓊瑰蓋實錄也山塘自大津橋下塘至虎邱延亘七里古名白隄其水爲唐刺史白居易所鑿下

塘野芳浜爲畫船爭集之處舊名新涇明時已稱野芳浜見毛堤記攬雲居士詩云覓得百花深處泊銷魂只在野芳浜元和縣志云虎邱山塘游賞者春秋爲盛當花晨月夕仙侶同舟佳人拾翠四方宦游之輩靡不畢集花市則紅紫繽紛古玩則金玉燦爛孩童弄具竹器用物魚龍雜戲羅布星列令人目不給賞至於紅闌水閣點綴畫橋疎柳鬬茶賭酒肴饌倍於常價而人願之者樂其便也南園祥符圖經云在子城西南今府學後也本爲廣陵王舊圃大觀末爲蔡京賜第北園卽蘇家

園御史蘇懷愚所築在閶門內後板廠後爲御史李模園今皆夷爲場圃爲郡中菜花最盛處諺云天上天堂地下蘇杭夫杭爲東南都會南宋駐蹕之所而猶後於蘇則蘇之繁盛可知矣沈朝初憶江南詞云蘇州好勝景聚靈巖響屧風流遺石上琴臺古調落高山宮館好躋攀蘇州好積翠列天平萬笏含煙浮碧玉層巖晴日畫丹青古洞白雲淸蘇州好城裏半園亭幾片太湖堆崒嵂一篙新漲接沙汀山水自淸靈蘇州好城北菜花黃齊女門邊脂粉膩桃花塢口酒卮香處處弄笙簧蘇

州好最好送春時白傅隄邊看嫩綠眞孃墓上唱新詞昨夜斷腸詩蘇州好載酒捲艄船几上博山香篆細筵前冰盌五侯鮮穩坐到山前蘇州好茶社最清幽陽羡時壺烹綠雪松江眉餅炙雞油花草滿街頭蘇州好酒肆半朱樓遲日芳樽開檻畔月明鐙火照街頭雅坐列珍羞

茶貢

穀雨節前邑侯采辦洞庭東山碧螺春茶入貢謂之茶貢案府志茶出吳縣西山以穀雨前爲貴王應奎柳南隨

筆云洞庭東山碧螺峰石壁產野茶數株每歲土人持竹筐採歸以供日用歷數十年如是未見其異也康熙某年按候采者如故而其葉較多筐不勝貯因置懷間茶得熱氣異香忽發采茶者爭呼嚇殺人香嚇殺人者吳中方言也因遂以名是茶云自是以後每値采茶土人男女長幼務必沐浴更衣盡室而往貯不用筐悉置懷間而土人朱正元獨精製法出自其家尤稱妙品康熙己卯　車駕南巡幸太湖巡撫宋犖購此茶以進
上以其名不雅馴題之曰碧螺春自是地方大吏歲必

採辦而售者往往以僞亂眞正元沒製法不傳卽眞者亦不及曩時矣

穀雨三朝看牡丹

牡丹花俗呼穀雨花以其在穀雨節開也諺云穀雨三朝看牡丹無論豪家名族法院琳宮神祠別觀會館義局植之無閒卽小小書齋亦必栽種一二墩以爲玩賞俗多尚玉樓春價廉而又易於培植也然五色佳本亦不下十餘種藝花者率皆洞庭山及光福鄉人花時載至山塘花肆求售郡城有花之處士女游觀遠近踵至或有入夜穹幕

懸鐙壺觴勸酬迭爲賓主者號爲花會蔡雲吳歈云神祠別館築商人穀雨看花局一新不信相逢無國色錦棚只護玉樓春

案歐陽修牡丹記洛陽以穀雨爲牡丹開候司馬光集注洛陽人謂穀雨爲牡丹厄僧仲休越中牡丹花品敘云越之所好尚惟牡丹其絶麗者三十二種始乎郡齋豪家名族梵宇道宫池臺水榭植之無間賞花者不問親疏謂之看花局　范石湖吳郡志牡丹出洛陽頃時朱勔家圃在閶門内植牡丹數萬本以繒綵爲幙每花

身飾金爲牌記其名鼢敗皆拔爲薪中興以來洛陽花種至吳中者肉紅則觀音崇寧壽安王希曡羅等淡紅則風嬌一捻紅深紅則朝霞紅鞓紅雲葉及茜金球紫中貴牛家黃等不過十數種舊志云今諸種皆不傳近時有玫瑰紫紫雲紅玉樓春傳家白新紅嬌豔西瓜瓤綠牡丹等名今復有錦帳小桃紅紫袍金帶墨紫御黃碧月諸名長洲縣志云開封藍思稷所居萬華堂在資壽寺後植牡丹至三千株多於洛中名品沈石田賞玉樓春牡丹詩春粉膩霞微著暈露紅淅玉淡生痕

齋元壇

十五日爲元壇神誕辰謂神司財能致人富故居人多塑像供奉又謂神回族不食豬每祀以燒酒牛肉俗稱齋元壇

案北周庾信黑帝雲門舞歌北辰爲政元壇北方色黑元壇卽鄭康成周禮注所云北郊之壇也稱曰元壇蓋以所祭之地名之姑蘇志云神姓趙名朗字公明趙子龍之從兄弟不知何本

白龍生日

十八日爲白龍生日前後旬日陰晴不常鄉民以是日雨卜白龍之歸謂龍歸省母則農有秋

案歲時瑣事三月十八日龍湫山與吳之陽山多雲霧雷雨俗傳爲白龍生日相傳東晉隆安中有繆氏女產白龍事甚神異士人建龍母廟於山之巔熙寧九年始遷於澄照寺宋胡偉白龍廟碑云每歲三月十八日龍歸省母前期旬日天氣肅寒四山煙雨乍晴復合正誕之辰龍必見形或長身尋丈隱顯於眾山之上或小如蜥蝪依於廟貌暴風雷雨澍溝號木則其驗也常昭合

志以五月十三日爲白龍生日謂白龍瞟娘必主雷雨危致明岳陽風土記亦以五月十三日爲白龍生日謂是日雨則歲豐

東嶽生日草鞋香

二十八日爲東嶽天齊仁聖帝誕辰城中圓妙觀有東嶽帝殿俗謂神權天下人民死生故酬答尤虔或子爲父母病危而焚疏假年謂之借壽或病中語言顛倒令人殿前闞魂謂之請喜祈恩還願終歲絡繹至誕日爲尤盛雖郡隅僻壤多有其祠宇在婁門外者龍墩各郵人賽會於廟

張鐙演劇百戲競陳游觀若狂郡西巏山亦有行宮闗内外吏胥奉香火好事者安排社會設醮酬神俗以誕日前後進香者鄉人居多呼爲草鞋香

案陸啟浤北京歲華記云三月二十八日賽東嶽廟又沈榜宛署雜記云三月二十八日燕京祭岳廟民閒集衆爲香會有爲首者掌之盛設鼓樂旗旛戴甲馬羣迎神以往男婦有跪拜而行者名曰拜香　徐崧張大純百城煙水云巏山道院有東岳行宮三月二十八日誕辰進香者多鄉人呼爲草鞋香崑新合志云二十八日

東嶽聖帝誕各鄉賽會石牌趙甕車塘更樓橋各鄉民舁神進香男婦游觀若狂又吳江縣志常昭合志皆云三月二十八日東嶽天齊聖帝生辰震澤縣志又云在震澤鎮者最盛前後十餘日士女拈香闐塞塘路樓船野舫充滿溪河又有買賣趕趁茶餅果梨裝塑傀儡走獸飛禽餳笙鼗鼓瑣碎戲具以誘悅兒曹所在成市汝秋士有東嶽誕辰詩云三月二十有八日相傳東嶽之生辰誰與上溯洪濛始山川奠位卑高陳實之以人自稗史街談巷議何足論廣張罪福有巫祝云神統攝亡

者魂兩廡冥王分十殿刀山劍樹羅紛紜遂令覽揆祝
聖壽轟然聳動鄉邨民黃檀之香絳蠟燭筠筐手挈羣
趨奔接踵摩肩衢路塞何況殿場與山門其中蒲團趺
坐者來自隔宿心尤虔更或肉身鐙一盞以身供養酬
親恩任他惡少恣嘲謔來繞百匝呼其羣孝哉某氏子
與女自有善人交稱歎吁嗟陋俗相沿久渺論戶說挽
回難男女混雜不可訓三諭曾傳湯撫軍草上之風厥
勢便令行禁止寧非賢簿書叢集蝟毛似此事難期今
長官囊貧况值三春暮稅未開征糧已完

清嘉錄

吳縣　顧祿　鐵卿

卷四目錄

四月

賣新絲

麥秀寒

賣時新

浴佛放生會

阿彌飯

七日八夜

蛇王生日

神仙生日

軋神仙

清嘉錄

清嘉錄

卷四　　　　吳縣顧　祿鐵卿譔

四月

立夏見三新

立夏日家設櫻桃青梅穩麥供神享先名曰立夏見三新宴飲則有燒酒酒釀海螄饅頭麪筋芥菜白筍鹹鴨蛋等品爲佐蠶豆亦於是日嘗新酒肆饋遺于主顧以酒釀燒酒謂之餽節蔡雲吳歈云消梅鬆脆鶯桃熟穩麥甘香蠶

豆鮮鳧子調鹽剖紅玉海螄入饌數青錢

案崑新合志立夏日家設櫻桃青梅麥蠶窨餻等物飲燒酒名曰立夏見三新與郡俗畧異

秤人

家戶以大秤權人輕重至立秋日又秤之以驗夏中之肥瘠蔡雲吳歈云風開繡閣颺羅衣認是秋千戲却非爲挂量才上官秤評量燕瘦與環肥

案錢思元吳門補乘云立夏日家家以大秤權人輕重吳曼雲江鄉節物詞小序云杭俗立夏日懸大秤男婦

皆秤之以試一年之肥瘠詩云懸衡一一判低昂輕重休誇蠟貌強莫是茱人須論價就中愁絶是豬王

注夏

俗以入夏眠食不服曰注夏凡以魘注夏之疾者則于立夏日取隔歲撑門炭烹茶以飲茶葉則索諸左右鄰舍謂之七家茶或小兒嗜猫狗食餘俗名猫狗飯是日雖寒必著紗衣一襲并戒坐戶檻俱令人夏中壯健

案田汝成西湖游覽志立夏之日人家各烹新茶配以諸色細果餽送親戚比鄰謂之七家茶與郡俗不同錢

思元吳門補乘立夏飲七家茶免疰夏盧志夏至食李以解注夏之疾王鏊姑蘇志作端午日王志夏至以束稷之草繫手足而祝之名曰健稷以解注夏之疾張寅太倉州志立夏日煮麥豆和糖食之曰不注夏南郭州志則云夏至用蠶豆小麥煮飯名夏至飯戒坐戶檻云犯得注夏之疾江震舊志立夏男女各試葛衣云解蛀夏之疾常昭合志立夏日煮麥豆和糖食之曰不疰夏蓋疰夏之說已見元池說林立夏日俗尚啖李則不蛀夏家治齋云疰與注當作蛀入夏不健如樹木之爲蟲

蛀也西溪叢話南人不善乘船曰苦船北人曰苦車苦音庫吳下人語音如注又謂所厭惡之人亦曰注皆苦之譌患苦之也今謂入夏眠食不服曰注夏猶是意爾

立夏三朝開蠶黨

環太湖諸山鄉人比戸蠶桑爲務三四月爲蠶月紅紙黏門不相往來多所禁忌治其事者自陌上桑柔提籠采葉至郁中蘒煮分箔繅絲歷一月而後弛諸禁俗目育蠶者曰蠶黨或有畏護種出火辛苦往往于立夏後買現成三眠蠶于湖以南之諸鄉村諺云立夏三朝開蠶黨開買蠶船也

案具區志湖中諸山以蠶桑爲務女未及笄卽習育蠶三四月謂之蠶月家家閉戸不相往來　郭頻伽樗園消夏錄三吳蠶月風景殊佳紅帖黏門家多禁忌少婦治其事者往往獨宿許志進蠶詞云五夜𦊆燈照獨眠蠶房齋禁太常偏軒渠借問秦淮海箇出蠶書第幾篇

小滿動三車

小滿乍來蠶婦煮繭治車繅絲晝夜操作郊外菜花至是亦皆結實取其子至車坊磨油以俟估客販賣插秧之人又各帶土分科設遇梅雨泛溢則集桔槔以救之旱則用

連車遞引溪河之水傳戽入田謂之踏水車號曰小滿動三車謂絲車油車田車也蔣士熯南園戽水謠云日脚杲杲曬平地東家插秧西家蒔養苗蓄水水易乾農夫踏車聲如沸車軸欲折心摇摇脚跟皸裂皮膚焦隄水如汗汗如雨中田依舊成槁土農夫爾弗憂天心或憐汝爾不見南門已闔鐵岩閉卽看好雨西疇至

案徐炬事物原始云西陵氏制繅車以繅絲震澤志黄繭緒粗不中織染另繅以爲絲縛惟細長而瑩白者留種繭外乃繅細絲又云歲既穫卽播菜麥至夏初則摘

菜薹以爲蔬春菜子以爲油斬菜萁以爲薪磨麥穗以爲麪雜以蠶豆名曰春熟郡人又謂之小滿見三新長元志皆云油坊以菜子壓油在婁葑兩門吳縣志云在新郭橫塘仙人塘并云吳農治田男女皆效力春耕饁餉夏耘踏車老幼俱前人力少者僱單丁以襄其事或長僱或短僱總名曰長工又曰忙工厚其酒肉以飼之卽詩所云侯彊侯以之意也

賣新絲

繭絲既出各負至城賣與郡城隍廟前之收絲客每歲四

月始聚市至晚蠶成而散謂之賣新絲蔡雲吳歈云蠶家
多半太湖濱浮店收絲只趁新城裏那知蠶婦苦載錢眼
熱賣絲人
案新絲棉絲也吳縣志近湖諸山家蓄蠶取之每歲四
月始登市
麥秀寒
夏初天氣淸和人衣單袷忽陰雨經旬重御棉衣人以其
時之寒在麥秀之際謂之麥秀寒王鳴鳳初夏村居雜詠
云鴨鴂催晨曉月殘數聲布穀報春闌棉衣欲換情偏嬾

見說江南麥秀寒、

案范石湖詩五月吳江麥秀寒、楊誠齋詩云麥黃秧碧百家衣已熱猶寒、四月時陸泳吳下田家志亦云四月麥秀寒五月温和暖　鄉人以麥宜寒蠶宜温惟同在四月之際雨者必有一偏嘗有歌云做天難做四月天蠶要温和麥要寒種菜哥兒要落雨採桑孃子要晴乾

賣時新

蔬果鮮魚諸品應候迭出市人擔賣四時不絶于市而夏初尤盛號爲賣時新趙筠吳門竹枝詞云山中鮮果海中

鱗落索瓜茄次第陳佳品盡爲吳地有一年四季賣時新

案王鏊姑蘇志三四月賣時新率五日而更一品如王瓜茄諸色豆諸海鮮枇杷楊梅迭出後時者價下二三倍　沈朝初憶江南詞有詠四時食物摘錄數闋于此詞云蘇州好香筍出陽山纖手剝來渾似玉銀刀劈處氣如蘭鮮嫩砌磁盤蘭花筍　蘇州好光福紫楊梅色比火珠還徑寸味同甘露降瑤臺小嚼沁桃腮楊梅　蘇州好沙上枇杷黃籠罩青絲堆蜜蠟皮含紫核結丁香甘液勝瓊漿枇杷　蘇州好葑水種雞頭瑩潤每疑珠十斛柔香偏

愛乳盈甌細剝小庭幽〔雞頭〕蘇州好朱橘洞庭香滿樹紅霜甘液冷一團絳雪玉津涼酒後倍思量〔橘〕蘇州好玉疊結梅酸夢起細含消病渴繡餘低嗅沁心寒青脆小如丸〔梅實〕蘇州好新夏食櫻桃異種舊傳崖蜜勝淺紅新樣口脂嬌小核味偏饒〔櫻桃〕蘇州好豆莢喚新蠶花底摘來和筍嫩僧房煮後伴茶鮮團坐牡丹前〔蠶豆〕蘇州好湖面半菱窠綠蔕戈窑長蕩美中秋沙角虎邱多滋味賽蘋婆〔諸菱〕蘇州好魚味愛三春刀鱭去鱗光錯落河鲀剖乳腹膨脝新韭帶薹烹〔江鱭河鲀〕蘇州好夏月食冰鮮石首

帶黃荷葉裹鰣魚似雪柳條穿到處接鮮船黃魚鰣魚蘇州好蒓鱠憶秋風巨口細鱗和酒嫩雙螯紫蟹帶糟紅菘菜點羹濃銀鱸紫蟹蘇州好冬日五侯鯖蜜蠟拖油鰣骨鮓水晶雲片鯽魚羹糟熟截毛鷹鰣鰉鯽魚

浴佛放生會

八日爲釋迦文佛生日僧尼香花鐙燭置銅佛于水盆婦女爭捨錢財曰浴佛居人持齋禮懺結衆爲放生會或小舟買龜魚螺蚌口誦往生呪放之竟日不絶

案李善注王屮頭陀寺碑魯莊七年夜明佛生之日也

瑞應經四月八日夜明星出時佛從右脅墜地卽行七步蓋春秋莊公七年夏四月辛卯夜恒星不見孔氏正義云于時周之四月則夏之仲春杜氏以長歷校之辛卯是四月五日然則如來生辰當爲今之二月五日宗懍荆楚歲時記二月八日釋氏下生之日迦文成道之辰遼史禮志二月八日爲悉達太子生辰京府及諸州縣雕木爲像云云又金史海陵紀有禁二月八日迎佛之文則是時以二月八日爲佛節亦不知是初五日也而四時寶鏡四月八日爲佛生日京師各有浴佛齋會

高僧傳釋元高小名靈育母寇氏夢見胡僧持傘香花滿座便卽懷胎四月八日生有異香靈寶經周密武林舊事張遠隩志韓鄂歲華記麗皆云四月八日爲佛誕日諸寺各有浴佛會宋書劉敬宣傳四月八日爲灌佛之辰佛運統志亦云四月八日爲浴佛節惟孟元老東京夢華録以十二月八日浴佛恐譌東坡詩輕寒浴佛天若十二月八日安得謂輕寒乎九邑志皆謂四月八日爲釋伽誕作傳經浴佛會范志亦云四月八日浮屠浴佛徧走閭里褚人穫堅瓠集四月八日俗傳爲釋迦

生辰各建龍華會以小盆坐銅佛浸以香水而復以花亭鐃鼓迎往富家以小杓澆佛提唱誦偈布捨錢財有高峰和尚偈曰呱聲未絶便稱尊攪得三千海岳昏惡水一年澆一度知他雪屈是酬恩

阿彌飯

市肆煮青精飯爲糕式居人買以供佛名曰阿彌飯亦名烏米糕周宗泰姑蘇竹枝詞云阿彌陀佛起何時經典相傳或有之予意但知啵飯好底須拜佛誦阿彌

案孫國敉燕都游覽志四月八日梵寺食烏飯謝去咎

事類合璧云道家采楊桐葉細冬青染飯色青有光名曰青精飯吳縣志謂僧家以烏葉染米作黑飯贈人龍佩芳脈藥聯珠謂取天南燭葉煮汁漬炊之名黑飯故俗又名烏米飯又攷神隱西域有神名曰佛佛生日以黑黍飯不落角祀之中國奉教者率相傚倣今之烏米飯疑即黑黍飯吳曼雲江鄉節物詞小序云杭人呼爲烏飯有製以爲餻者于立夏食之此又一說也

七日八夜

農人以初八夜雨主傷小麥諺云小麥不怕神共鬼只怕

七日八夜雨

案長元吳志皆載四月八日夜雨則傷小麥并載是諺

蛇王生日

十二日爲蛇王生日進香者駢集于婁門內之廟焚香乞符歸粘戶牖能遠毒蛇人又以是日雨主壞麥謂巳日屬蛇麥收忌雨有此說也蔡雲吳歈云日交蛇位麥登場日祀蛇生驗雨暘更怪妖氛干正氣叢祠香火拜蛇王

案錢希言獪園蛇王廟在婁門外葑門捕蛙者祭獻其中廟旋廢不知何年重建于婁門內祭賽者不獨捕蛙

船矣錢思元吳門補乘蛇王廟在婁門内負城臨水傑
閣巍然與毘陵艤舟亭相似前殿塑蛇將軍特假蛇耳
或相傳蛇王爲方正學正堪噴飯

神仙生日

十四日爲呂仙誕俗稱神仙生日食米粉五色餻名神仙
餻帽鋪製垂鬚鈸帽以售名神仙帽醫士或招樂部伶人
集廳事擊牲以酬或酌水獻花以慶仙誕
案史纂云神仙姓呂名巖字洞賓會祖延之浙東節度
使祖渭禮部侍郎父讓海州刺史唐貞元十四年四月

十四日巳時生舉進士不第遇正陽眞人鍾離子得道
施肩吾有鍾呂傳道記

軋神仙

仙誕日官爲致祭于福濟觀觀中修崇醮會香客駢集相傳仙人化爲襤褸乞丐混迹觀中而居人之有奇疾者至日燒香往往獲瘳謂仙人憐其誠而救度也謂之軋神仙觀中舊有迎仙閣是日衆仙聚飲閣中後建玉皇閣呂仙恐朝參遂不復至蔡雲吳歈云洞庭飛盡到姑蘇笑逐游人倚酒壚今日玉皇高閣下猶聞醉後朗吟無

案徐崧張大純百城烟水云福濟觀俗稱神仙廟在皐橋東宋爲李王祠朐山王省斡大猷來吳淳熙某年四月十四日從巖中道院陸道堅設雲水齋感純陽呂仙授神方以療風疾至今賴之元至大辛亥葉竹居重建奏今額吳縣志十四日福濟觀謁呂純陽　玉篇𠃝九也九音軋吳人謂人衆不得出而力附之曰九亦作軋

翦千年蒀

仙誕前夕居人芟翦千年蒀舊葉棄擲門首祝曰惡運去好運來或又於廟中别買新葉植之謂之交好運

案陶朱公書四月十四日俗傳神仙生日芟翦千年蒀舊葉擲之通衢令人踐踏則新葉易生吳人植之以與萎占盛衰造房者連根葉置樑上以爲吉讖結姻聘幣者鉸縎絹肖其形與吉祥草及葱松四色並列盆中崑新合志亦云神仙生日家戶翦蒀葉散布街坊蓋俗運與蒀同音也

神仙花

游人集福濟觀爭買龍爪茇歸種則易滋長賣者皆虎阜花儂前後數日又必競擔小盎草木本鮮花入觀求售號

爲神仙花

案蔬譜有樓葌俗以其形似龍爪故名曰龍爪葌 又沈朝初憶江南詞云蘇州好生日慶純陽玉洞神仙天上度青樓脂粉廟中香花市繞回廊注四月十四日爲純陽生日滿城妓女俱至廟中兩廊市花謂之神仙花

四月十六

土俗于十六日望晴雨以候歲晴則水雨則旱惟陰雲爲佳諺云有穀無穀但看四月十六

案江震志皆載此占又諺云四月十六天上有雲地上

有穀

藥王生日

二十八日爲藥王生日醫士備分燒香駢集于洙泗巷之三皇廟即醫學也郡縣醫學官司香火盧家巷亦有藥王廟誕日藥市中人擊牲設醴以祝嘏或集衆爲會有爲首者掌之醵金演劇謂之藥王會

案沈汾續神仙傳藥王姓韋名古道號歸藏西域天竺人開元二十五年入京師紗巾毳袍杖履而行腰繫葫蘆數十廣施藥餌療人多效帝召入宫圖其形賜號藥

王又韓旡咎桐陰舊話引列仙傳唐武后朝韋善俊京兆人長齋奉道常攜黑犬名烏龍世俗謂之藥王又高士奇扈從西巡日錄云藥王廟專祀扁鵲四月二十八日賀藥王生日又一統志藥王廟在任邱縣鄚州城東北祀扁鵲吳梅村過鄚州詩有香火年年賽藥王之句府志云洙泗巷清眞觀醫學有醫王廟舊稱三皇廟在流化坊祀伏羲神農黃帝康熙二十八年改建今所並祀夏禹三十年知府盧騰龍請以岐伯伯高鬼臾區少俞少師雷公配改名醫王廟是止稱醫王不稱藥王又

攷徐崧張大純百城烟水云藥王廟在盧家巷康熙庚申藥市中醵金建并載程瑞鄒溶詩詩中皆專指神農而言今廟中亦塑神農象更不應有藥王之稱則知俗傳二十八日之辰乃是扁鵲誕降之日吳人不察相沿爲三皇生辰不亦謬與

清嘉錄

卷五目錄　　　　吴縣　顧祿　鐵卿

雄黄酒

蒲劍蓬鞭

采百草 蟾酥

健人

雄黄荷包裹絨銅錢

老虎頭老虎肚兜

獨囊網蒜

長壽線

五毒符

清嘉錄

四十五

清嘉録

卷五

吳縣顧　祿鐵卿譔

五月

修善月齋　毒月

釋氏羽流先期印送文疏於檀越填注姓字至朔日焚化殿庭謂之修善月齋是月俗又稱爲毒月百事多禁忌

案荆楚歲時記五月俗稱惡月多禁忌曝牀薦席及蓋屋潘榮陛帝京歲時紀略京俗五月不遷居不糊窗槅

名曰惡五月吳俗稱善月蓋諱惡爲善也蔡鐵翁詩俗忌三旬呼毒月

貼天師符

朔日人家以道院所貽天師符貼廳事以鎮惡肅拜燒香至六月朔始焚而送之有貽自梵氏者亦多以紅黃白紙用朱墨畫韋陀鎮凶則非天師符矣而小户又多粘五色桃印綵符每描畫姜太公財神及聚寶盆搖錢樹之類受符者必至院觀拈香答以錢文謂之符金

案邱悅三國典略張道陵一作張陵漢順帝時人入蜀居鶴鳴山造符書爲人治病陵子衡衡子魯以其法相

授施循東坡詩注引張眞人傳云眞人名道陵良八世孫漢章帝和帝累召不起胡應麟筆叢王宗沐續通考皆本此說然並未有天師之稱世說注郗愔與弟曇奉天師道北史魏嵩山道士寇謙之自言嘗遇老子命繼張陵爲天師崔浩勸明帝起天師道場酈道元水經注白馬戍有張天師堂庾仲雍謂堂爲張魯治是天師之名始於六朝也李昉等太平廣記亦云梁武帝因陶貞白詣張天師道裕乃爲立元壇三百所東坡過安樂山聞張道陵所寓詩天師化去知何在玉印相傳世共珍

馬貴與通考云唐天寶後漢天師子孫嗣眞教冊贈天師爲太師然亦私相稱謂未嘗以之賜號也宋祥符二年賜信州道士張正隨號眞靜先生自是凡嗣世者皆賜號如崇寧二年賜繼先號虛靜先生迨至元十三年乃賜張宗演靈應沖和眞人之號又賜張正常號天師明太祖去其舊稱改授正一嗣教眞人曰元人不知義理天豈有師也哉蓋封號雖曰眞人世俗尚沿舊稱矣曼雲江鄉節物詞小序云杭俗道家於端五送符必署天師二字以見其神受者皆答以錢米詩云研將朱墨

任鵶塗春蚓秋蛇認得無但乞人施五斗米全家飽食
仗靈符而江震志亦云五日道士折紅黄色紙畫天師
像爲辟惡靈符分送檀越　續漢禮志云五月五日朱
索五色桃符爲門戸飾以止惡氣韓鄂歲華紀麗角黍
之秋浴蘭之月朱索赤符長元吳志亦皆云五日戸貼
朱符蔡鐵翁詩仙符一道貼清晨又云拜送癡符盛暑
交

挂鍾馗圖

堂中挂鍾馗畫圖一月以祛邪魅李福鍾馗圖詩云面目

猙獰膽氣粗榴紅蒲碧座懸圖仗君埽蕩幺麼技免使人閑鬼畫符又盧鯀蒿有詩云榴花吐焰菖蒲碧畫圖一幅生盧白緑袍烏帽吉莫靴知是終南山裏客眼如點漆髮如虬唇如腥紅髯如戟看徹人間索索徒不食煙霞食鬼伯何年留影在人間處處端陽驅癘疫嗚呼世上罔兩不勝計靈光一睹難逃匿仗君百千億萬身卻鬼直教褫鬼魄

案唐逸史明皇因疾晝夢藍袍鬼從一小鬼擘而啖之自稱終南山進士誓除天下虛耗之業乃詔吳道子如

夢圖之批其後曰靈祇應夢厥疾全瘳烈士除妖實須稱獎因圖異狀頒顯有司歲暮驅除可宜徧識以祛邪魅兼靖妖氛又孫逖張説文集有謝賜鍾馗畫表又劉禹錫有代杜相公及李中丞謝賜鍾馗歷日表又五代史吳越世家歲除畫工獻鍾馗擊鬼圖沈存中補筆談熙寧五年上令畫工模搨吳道子鍾馗象鐫版除夜遺內供奉官梁楷就東西府給賜但考劉宋征西將軍宗慤有妹名鍾葵見其母鄭夫人墓誌夢溪筆談載之家雪亭云今俗有鍾馗嫁妹圖以此而譌又後魏有李鍾

馗北史堯暄本名鍾葵字辟邪又恩倖傳有宮鍾馗又楊愼外集云鍾馗卽終葵古人多以終葵爲名其後誤爲鍾馗俗畫一神象帖於門手執椎以擊鬼好怪者遂相傳鍾馗能啖鬼又作鍾馗圖言鍾馗爲開元進士尤爲無稽是鍾馗之名由來巳久特開元始有畫耳胡浩然除夕詩云靈馗挂戶則知古人以除夕今人以端五其用亦自不同俗又稱水墨畫者曰水墨鍾馗蔡鐵翁詩掀髯墨象聊驚鬼又吳曼雲江鄉節物詞小序云杭俗鍾進士畫像端午懸之以逐疫詩云進士頭銜亦惱

公怒髯皤腹畫難工終南捷徑誰先到按劍輸君作鬼

雄江震志云五日堂中懸鍾馗畫象謂舊俗所未有

端五

五日俗稱端五瓶供蜀葵石榴蒲蓬等物婦女簪艾葉榴

花號爲端五景人家各有宴會慶賞端陽藥市酒肆餽遺

主顧則各以其所有雄黄芷朮酒糟等品百工亦各輟所

業羣入酒肆鬨飲名曰白賞節

案荆楚歲時記京師以五月一日爲端一二日爲端二

三日爲端三四日爲端四五日爲端五張表臣珊瑚鉤

詩話謂端五之號同於重九世以五爲午誤　長元吳志皆載端午簪榴花艾葉以辟邪崑新合志云五月五日端陽節瓶供蜀葵石榴蒲蓬等物曰端陽景簪艾葉榴花於頭以辟邪而江震志皆云兒女輩之長者則簪艾葉榴花又云醫家亦以雄黃衣香送於常所往來之家家買葵榴蒲艾貯之堂中常昭合志亦載是俗　江震志謂端午日晴主年豐諺云端午晴乾農人喜歡

稱鎚糭

市肆以菰葉裹黍米爲糭象稱鎚之形謂之稱鎚糭居人

買以相餽貺并以祀先

案杜臺卿玉燭寶典云五月五日以菰葉裹黏米者以象陰陽相包裹未分散也宋祝穆事文類聚端午糉子名品甚多形製不一有角糉錐糉茭糉筒糉稱鎚糉九子糉等名劉敬叔異苑謂糉子屈原姊始作吾鄉以之祀先葢本吳均續齊諧記五日以竹筒貯米投水祭屈原之意而吳曼雲江鄉節物詞小序云杭俗端午尚角黍亦有依古作筒糉者詩云裹就連筩米宿舂周遭綵縷繫重重青菰褪盡雲膚白笑說廚孃蔫覆鬆長元吳

志及江震常昭志皆云五日食角黍崑新合志五日相餉以角黍俗名糉子范志亦云以角黍水糰綵索艾花畫扇相餉

雄黃酒

研雄黃末屑蒲根和酒以飲謂之雄黃酒又以餘酒染小兒額及手足心隨灑牆壁間以祛毒蟲蔡雲吳歈云稱鎚糉子滿盤堆好侑雄黃入酒杯餘瀝尚堪祛五毒亂塗兒額噀牆隈

案孫思邈千金月令端五以菖蒲或縷或屑以泛酒而

馮慕岡月令廣義則云五日用朱砂酒辟邪解毒餘酒染額胸手足心無虺蛇之患又以灑牆壁門窗以避毒蟲實丹砂也吳曼雲江鄉節物詞小序云杭俗五日剉蒲根入火酒和雄黄飲之或以塗小兒額上詩云細切蒲葅勸舉觴不須九節認靈菖嬌兒怯試燒春味一抹妝成半額黄九縣志皆載五日飲雄黄菖蒲酒而崑新合志并云隨灑牆壁閒

蒲劍蓬鞭

截蒲爲劍割蓬作鞭副以桃梗蒜頭懸於牀戸皆以卻鬼

案本草綱目菖蒲一名水劍王曾帖子旋刻菖蒲要辟邪吳曼雲江鄉節物詞小序云蒲劍截蒲爲之利以殺鬼醉舞婆娑老魅亦當退避詩云破他鬼膽試新硎三尺光瑩石上青醉裏偶然歌斫地只憐蒲柳易先零崑新合志云五日戶懸蒲蓬桃蒜等物以辟邪

采百草 蟾酥

土人采百草之可療疾者留以供藥餌俗稱草頭方藥市收癩蝦蟇刺取其沫謂之蟾酥爲修合丹丸之用率以萬計人家小兒女之未痘者以水畜養癩蝦蟇五箇或七箇

俟其吐沫過午取水煎湯浴之令瘙瘡稀

案吳自牧夢粱錄五日采百草修製藥品爲辟瘟疾等用藏之良驗江震志五日采百草留以供藥品覓蝦蟇收蜈蚣蕲蛇頭皆以製藥崑新合志五日采百草之可療疾者合諸丸藥

健人

市人以金銀絲製爲繁纓鐘鈴諸狀騎人于虎極精細綴小釵貫爲串或有用銅絲金箔爲之者供婦女插鬢又互相獻賚名曰健人

案唐宋遺紀江淮南北五日釵頭綵勝之製備極奇巧凡以繒綃翦製艾葉或攢繡仙佛禽鳥蟲魚百獸之形八寶羣花之類綴紗蜘蛛綺縠鳳麟繭虎絨蛇排草蜥蜴又螳螂蟬蝎又葫蘆瓜果色色逼眞加以旛幢寶蓋繡球繁纓鐘鈴百狀或貫爲串名曰豆娘不可勝紀蓋卽吾鄉之健人也吳曼雲江鄉節物詞小序亦云杭俗健人卽艾人而易之以帛作騎虎狀婦女皆戴之詩云畫將眉目施襟裾翦帛先知艾氣除何物么麼呼健者勢成騎虎復何如而長元志皆載五日翦綢爲人以坐

虎背或併用金絲加以蒜欆之類名曰健人吳縣志又謂以金銀絲爲蒜形虎形騎人於虎名曰健人極細小懸髻上貧家則以銅絲金箔爲之蔡鐵翁吳歈注謂卽古步摇詩云插鬢金摇亦健人江震志亦載五日以綵絨雜金纏結符袋戴之釵頭互相餽遺

雄黄荷包裹絨銅錢

製繡囊絕小類荷包之形中盛雄黄謂之雄黄荷包綵絨裹銅錢爲五色符謂之裹絨銅錢皆繫襟帶閒以辟邪

案吳曼雲江鄉節物詞小序云杭俗婦女製繡袋絕小

貯雄黃繫之衣上可辟邪穢詩云石榴花底繡工忙夾袋功收藥石良贈我定知囊可括從來口不設雌黃

老虎頭老虎肚兜

編錢爲虎頭形繫小兒胸前以示服猛謂之老虎頭又小兒繫赤色帽襴亦彩繡爲虎形謂之老虎肚兜

案吳曼雲江鄉節物詞小序云杭人午日製老虎頭繫小兒襟帶間示服猛也詩云乙威曾不露全身一例牙鬚巧製新喚作虎頭癡亦好管中窺豹又何人

獨囊網蒜

擇蒜本之不分瓣者結線網繫之以爲飾謂之獨囊網蒜案吳曼雲江鄉節物詞亦有詠網蒜詩不隨葱薤付蘭錡網結千絲壓線遲絶似簾波垂影處誤他銀蒜入罘罳

長壽線

結五色絲爲索繫小兒之臂男左女右謂之長壽線譚大中長壽線詩云從來造物最多情修短還憑玉指衡五采同心延百壽一絲纏臂訂三生黃金不買前身慧青史難逃再世名兒女自癡儂作達升沈無用訪君平

案吳曼雲江鄉節物詞小序云杭俗結五采索繫小兒臂上卽古之長命縷也詩曰編成雜組費功深絡索輕於纏臂金笑語玉郎還憶否年時五采結同心崑新合志亦云五日以紅絲線紉小兒臂男左女右以驗日後肥瘠

五毒符

尼菴翦五色綵箋狀蟾蜍蜥蜴蜘蛛蛇蚿之形分貽檀越貼門楣寢次能魘毒蟲謂之五毒符郭麐五毒符詩云跂跂脈脈善緣壁蜿蜿虵虵闞風疾周身百足彊扶持密網

千絲巧羅織麗然獨踞中央坐四蟲么麼一蟲大可憐乙骨走羣妖酉向午時作奇貨五行志傳何人作荊楚歲時多寄託千秋耶得孟嘗君六代誰如王鎮惡角黍須盛五釆箭蛟龍波底泣孤忠六丁六甲符安用且避人間薰與蠭

案青齊風俗記穀雨日畫五毒符圖蝎子蜈蚣虺蛇蜂蜮之狀各畫一針刺之刋布家戶以禳蟲毒吳俗則在端五蔡鐵翁吳歈注云五毒蟾蜍蜥蜴蜘蛛蛇虼也吳曼雲江鄉詞小序亦云杭俗午日扇上畫蛇虎之屬數

必以五小兒用之

辟瘟丹 蚊烟

男女佩帶辟瘟丹或焚於室中盆以蒼朮白芷大黃芸香之屬皆以辟疫袪毒又謂五日午時燒蚊煙能令夏夜無蚊蚋之擾蔡雲吳歈云蒲蓬卵蒜挂牀前芷朮香芸地下燃還怕夜來眠不穩碧紗帳外點蚊煙

案月令事宜載五月五日收藏浮萍乾爲末和雄黃作紙纏香焚之能避蚊然江震志則云五日采百草焚之以避蚊蚋又崑新合志云五日燒蒼朮白芷辟瘟丹并

蛟烟以祛毒蟲

划龍船

龍船閶胥兩門南北兩濠及楓橋西路水濱皆有之各占一色四角枋柱揚旌拽旗中艙伏鼓吹手兩旁划槳十六俗呼其人爲划手篙師執長鉤立船頭者曰擋頭篙頭亭之上選端好小兒裝扮臺閣故事俗呼龍頭太子尾高丈許牽綵繩令小兒水嬉有獨占鰲頭童子拜觀音指日高陞楊妃春睡諸戲謂之⿰糹鳥（玉篇⿰糹鳥丁了切懸物貌）梢舵爲刀式執之者謂之擋舵畫舫游客爭買土罐擲諸河視龍舟中人執

戈競鬬入水相奪以爲娛樂謂之砮鑵頭多者受上賞號爲做勝會勝會之時先有葛袍纓帽之人鞠躬聲喏于前艙手執五色小旗插畫舫之梢而後諸龍各認旗色回朝盤旋謂之打招一招水如濺珠金鼓之聲與水聲相激出龍之前數日祀神演試曰下水上岸送神謂之拔龍頭當頭之人卒皆里巷游手隔歲先以帶葉竹竿豎橋上爲來年出龍認色其名曰鑽五月朔互相往來名曰拜客餘則日駐塘河交午曼衍粲如織錦男女耆稚傾城出游高樓邃閣羅綺如雲山塘七里幾無駐足之地河中畫楫櫛比

如魚鱗亦無行舟之路歡呼笑語之聲遐邇振動士人供
買耍貨食品所在成市凡十日而罷俗呼划龍船市入夜
燃鐙萬盞燭星吐丹波月搖白尤爲奇觀俗稱鐙划龍船
郡中踏布坊人操小舟亦鳴金伐鼓划槳如飛俗呼煙囪
洞有無名氏划龍船樂府云汨羅已死三千年招魂野祭
端陽前蘇州龍船誇絶勝百萬金錢水中迸冶坊浜口斟
酌橋樓頭水面爭妖嬈小龍船划疾如駛大龍船划亂紅
紫勝會爭誇十日游青簾畫舫結鐙毬四更隄外笙歌散
博得人稱假虎邱又蔡雲吳歈云勝會山塘看水嬉大船

幾處插紅旗挈瓶人向波心跳苦憶汨羅懷石時

案丁度集韻划胡瓜切音華舟進竿謂之划歐陽修五代史蕭結令祈陽方暮春時有州符下取競渡船結怒批其符曰秧開五葉蠶長三眠人皆忙迫划甚閒船守慚而止又舊唐書杜亞傳江南風俗有競渡之戲方舟並進以急趨疾進者爲勝亞乃令以漆塗船底貴其速進又爲綺羅之服塗之以油令舟子衣之入水而不濡然皆在春中不在端陽或曰五日競渡相傳弔三閭大夫而作本荆楚歲時記之説但於吳地無涉趙曄吳越

春秋以爲起於勾踐蓋憫子胥之忠而作周櫟園因樹屋書影以爲習水報吳托於嬉戲宗懍引邯鄲淳曹娥碑云五月五日迎伍君逆濤而上爲水所淹謂是東吳之俗事在子胥不關屈氏然則荆楚自爲靈均吳越自爲子胥耳高濂遵生八箋云南方競渡者治其舟使輕利謂之飛鳬又曰水車又曰水馬蓋越人以舟爲車以楫爲馬也今俗烟囱洞殆其遺製吳縣志端午爲龍舟競渡游船聚集男女諠譁管絃雜沓投鴨於河龍舟之人爭入水相奪以爲娛樂舊在胥門塘河故郡長蘅治

游詩有五月胥江怒水嬉歡競渡團扇薄不遮故教冶容露之句又族高伯祖俠君先生有競渡詞十首今錄其三詞云鑼挾鳴濤鼓駴雷紅旗斜插翦波來錦標奪到軒騰處風卷龍髯雪作堆香撥琵琶内府調紫檀截管玉裝簫絕憐天上霓裳曲吹徧紅闌四百橋鼓翻旗颭躍鳧鷖黃篾推開粉頸齊貪看河心龍影亂忘人偷眼柁樓西　崑新合志亦云五日有龍舟競渡之戲康熙間城内外有舟五六後已絕響近復如舊

關帝生日

十三日爲關帝生日官爲致祭於周太保橋之廟吳城五方雜處人煙稠密貿易之盛甲於天下他省商賈各建關帝祠於城西爲主客公議規條之所棟宇壯麗號爲會館十三日前已割牲演劇華鐙萬盞拜禱唯謹行市則又家爲祭獻鼓聲爆響街巷相聞又相傳九月十三日爲成神之辰其儀一如五月十三日制俗以此二日雨爲關王磨刀雨主人口平安蔡雲吳歈云神誕猶傳漢壽亭神臺弦管散諸伶竹君自醉龍生日一陣磨刀雨恰腥

案元至正閒將仕郎普顏花譔關王廟碑云荆楚之人

相傳王於六月二十三日生子平於五月十三日生是日朝拜祭賽遠近輻輳錢塘馮少渠關公祖系記云侯以桓帝延熹三年庚子六月二十四日生則今之以五月十三日生者非也惟考永樂北征時每見神前驅凱旋乃制崇祀以五月十三日祭祀典歲以春秋二仲月吉日及五月十三日致祭　崑新合志云是日俗傳爲關神武誕士夫家宰白雄雞以祭之近亦漸少

黃梅天

芒種後遇壬爲入黴俗有芒種逢壬便入黴之語而人郎

以入黴日數度黴頭之高下如芒種一日遇壬則黴高一尺至第十日遇壬則黴高一丈皮物過夜便生黴點謂之黃梅天又以其時忽晴忽雨諺有云黃梅天十八變又謂天寒主旱諺云黃梅寒井底乾夏至後遇庚爲出黴小暑日爲斷黴過此則無蒸濕之患俗又忌小暑日雷鳴主潦俗呼倒黃梅諺云小暑一聲雷依舊倒黃梅農人又以入霉日雨主旱諺云高田只怕迎霉雨又以入霉日雨主陰出霉日雨主旱諺云雨打黃霉頭四十五日無日頭雨打黃霉脚四十五日赤晧晧又以入霉日雨主水諺云迎梅

一寸送梅一尺

案施眞卿叢話謂淮浙以芒種節氣後爲梅雨周處風土記云夏至前名黃梅雨庾溪詩話江南五月梅熟時霖雨連旬謂之黃梅雨陸佃埤雅云湘浙四五月閒梅黃欲落蒸鬱成雨謂之黃梅雨沾衣多腐爛崔實農家諺黃梅雨未過冬青花未破冬青花已開黃梅雨不來項甌東謂江南以三月爲迎梅雨五月爲送梅雨遇雷電爲斷霉或言古語黃梅時節家家雨張蒙溪謂梅當作霉雨中暑氣也霉雨善汗衣服故又云霉涴言其爲

梅所壞也字典黴義與黴通許愼說文黴物中久雨靑
黑也玉篇謂面垢也淮南子修務訓舜黴黑又劉向九
歎顔黴黧以沮敗兮桂未谷札樸謂物傷濕曰黴音黴
義同府志一說梅作㱕塵㱕也楚詞九懷霾土忽兮㱕
㱕塵也義畀　長元吳志皆載處暑一聲雷依舊倒黃
梅之諺但考芒種距處暑凡七十五日旣云夏至後遇
庚出梅豈歷三月之久再復黃梅之理舊占處暑日忌
雷鳴當是小暑日忌雷鳴耳蔡鐵翁詩怕聞小暑一聲
雷吳縣志亦載度黴之法

梅水

居人於梅雨時備缸甕收蓄雨水以供烹茶之需名曰梅水徐士鋐吳中竹枝詞云陰晴不定是黃梅暑氣薰蒸潤綠苔瓷甕競裝天雨水烹茶時候客初來

案長元吳志皆載梅天多雨雨水極佳蓄之甕中水味經年不變又崑新合志云人於初交霉時備缸甕貯雨以其甘滑勝山泉嗜茶者所珍也

三時

夏至日爲交時曰頭時二時末時謂之三時居人愼起居

禁詛咒戒薙頭多所忌諱農人又以每時之末忌雨諺云
三時三送低田白弄中時而雷謂之腰鼓報主大水諺云
中時腰報没低田又以時中多雨及時盡而雷皆主澇諺
云時裏寒没竹竿又云低田只怕送時雷
案施眞卿叢話謂淮浙以夏至中氣後爲時而農圃六
書謂夏至後半月爲三時上時七日中時五日末時三
日盧志又以芒種後十五日爲入時而長元吳志又皆
以夏至日爲起時分三節共十五日頭時三日中時五
日末時七日江震志并云時中忌雷主雨諺云時裏一

聲雷低田拆舍歸中時尤甚崑新合志云時之爲言農時也時有三日頭時中時末時交時後人胥愼起居禁詛咒戒剃頭多所忌畏長元志又皆云時雨田所必資也故曰時周處風土記云初雨爲迎時雨末雨爲送時雨蔡鐵翁詩驚聽入時三送雨郡人時又呼作黴丁度集韻黴深黑色殆因呼梅蒸爲黴黰有濕氣著衣物生斑沫之義連類及之遂以時爲黴歟

分龍雨

二十日爲分龍俗以分龍之次日雨謂之分龍雨主雨暘

調順歲必有秋有二十分龍廿一雨水車擱拉衖堂裏之諺又云二十分龍廿一雨石頭縫裏都是米自是以後分方行雨俗謂之夏雨隔片讀如辨平聲田蔡雲吳歈云南阡朗日帶長虹北陌頑雲鬬疾風偶湊分龍得新雨山村水蕩說年豐

案陸放翁避暑錄吳俗以五月二十日爲分龍日前此夏雨時行所及必偏自分龍以後或及或不及若有命而分之者故五六月閒每雷起雲簇而不移時謂之過雲雨雖二三里亦有不同　長元吳志皆作夏雨隔田

晴又云四月二十日爲小分龍五月二十日爲大分龍分龍次日雨主豐稔

拔草風

梅雨既過颯然清風彌旬不歇謂之拔草風俗又以小暑日東南風主旱諺云小暑吹了東南風四十五日拔草風

案高德基平江紀事梅雨之際必有大風連晝夜謂之舶趠風盧志云此風從海外來船上禱於海神而得之東坡詩序云是風起天不雨約十日餘止詩云三旬已過黃梅雨萬里初來船趠風幾處縈回度山曲一時清

駛滿江東驚飄籔籔先秋葉喚醒昏昏嗜睡翁欲作蘭臺快哉賦卻嫌分別問雌雄又長元吳志皆載小暑日若東南風及成片白雲起則有舶趠風主退水兼主旱徃實農家諺云舶趠風雲起旱魃深歡喜吳縣志舶趠又作白掉今更譌爲拔草蔡鐵翁詩拔草風從何處來

清嘉錄

吳縣　顧祿　鐵卿

卷六目錄

六月

黄昏陣

六月弗熱五穀弗結

山糊海漫

龍挂

謝竈素菜

狗⿰酉賁浴

曬書

翻經

三伏天

涼冰

珠蘭茉莉花市諸色花附

乘風涼

虎邱鐙船

合醬

清嘉錄

卷六　　　　吳縣顧　祿鐵卿譔

六月

黃昏陣

俗以初三日晴主旱若是夜黃昏有雨則日日有之謂之黃昏陣諺云六月初三打箇黃昏陣上晝耘稻下晝困又云初一落雨井泉枯初二落雨井泉波讀爲普胡切作溢字解也初三落雨夜夜陣初四落雨通太湖蓋此時農民望澤孔殷如

久晴則立竿製紙旗以禱雨街坊小兒出松花會呼曰小兒求雨天歡喜蔡雲吳歈云六月不逢夜夜陣滿城扯徧七星旗草鞵人散松花會正是湖鄉雨透時

案崔實四民月令六月初三起箇黃昏陣七十二箇隔夜陣　長元吳志皆載六月初一日不宜雨諺云初一井泉枯初二井泉浮初三連太湖江震志謂初三日晴主旱諺云六月初三晴山篠盡枯零　錢思元吳門補乘亦載松花會之俗會中之人皆曳草鞋并云久雨則翦紙爲女形持苕帚懸簷際名掃晴娘

六月不熱五穀弗結

俗又以三伏日宜熱諺云六月不熱五穀弗結

案崔實農家諺云六月不熱五穀不結又長元吳志皆載是占而崑新合志并云六月宜大諺云六月大瓜茄落蘇籮來坐大俗讀作度字音

山糊海幔

俗又以夏中日出時雲霧遲開主熱謂之山糊海幔諺云山糊海幔曬殺老鶴

案丁度集韻鶴水鳥好水將雨則鳴禽經鶴仰鳴則晴

俯鳴則雨　褚人穫堅瓠集載吳諺云日出晏晒殺雁

龍挂

濃雲中見若修尾下垂蜿蜒屈伸者謂之龍挂

案府志載龍挂之說謂雨止乎一方仁和錢謝盦有太湖看龍挂詩云羲和拋丸走流汗銀刀劃空雲脳斷水聲驚起洞庭君六雙老龍飛出雲蒼鱗細如蛇蚓結白波四面作人立吸乾具區三萬頃雨氣斜翻半天濕蜻蜓陣散風色涼吳孃纜船炊飯香珠宮捲綃伺龍睡西峯日輪紅未墜

謝竈素菜

初四十四念四日比戸祀司竈謂之謝竈諺云三番謝竈勝做一壇清醮祀時以米粉作糰素羞四簋俗稱謝竈素菜

案漢應劭風俗通引周禮說顓頊氏有子曰黎爲祝融祀以爲竈神後漢書陰就傳竈神姓張名禪字子郭一作郭禪又五經異義云竈神蘇吉利夫人王摶頰成式酉陽雜俎云竈神名隗狀如美女夫人字卿忌有六女皆名察治嘗以月晦日上天白人罪狀一曰竈神名

壞子今不詳何指　月令夏祀竈孔氏正義云竈神常祀在夏俗祀于夏固合于禮然閱班固白虎通祭竈以雞及干寶搜神記漢陰子方以黃羊祭竈神東坡縱筆云明日東家應祭竈隻雞斗酒定燔吾荆楚歲時記以豚酒祭竈范石湖祭竈詩豬頭爛肉雙魚鮮又陳藻平江臘月二十五日是云昨夜宰豬家祭竈又明嘉定王槐祀竈詞云陘邊爛煮黃毛鮮又五行書五月辰日豬頭祭竈治生萬倍又圖經十二月二十四日民間用白雞黑菽糖果祀竈神又僧道行書正月已丑日白雞祭

竈宜蠶又江震舊志臘月二十四日祀竈用葷品是古者皆以魚牲祀竈今俗相沿用素直以佛待神矣　崑新合志六月初四十四念四日皆祀竈與郡俗同

狗讀浴

諺云六月六狗讀浴謂六月六日牽貓犬浴于河可避虱蛀郭麐浴貓犬詞云六月六家家貓犬水中浴不知此語從何來展轉流傳竟成俗流傳不實爲丹青孰知物始覩厥形孰居莊嚴成壞住刧前八萬四千横竪飛走一一知其名而況白老烏龍不同族何以降日爲同生一笑姑置

之聽我爲媒詞司馬高才號犬子拓跋英雄稱佛貍烏員錦帶紛綺麗韓盧宋鵲尤魁奇世上紛紛每生者李義府與景升兒金錢犀果洗若屬但有癡骨無姸皮貓乎犬乎好自愛洞裏雲中久相待伐毛洗髓三千年會見爬沙登上界

案孫德符野獲編六月六日本非令節貓犬之屬俾浴於河田汝成西湖游覽志郡人於六月六日舁貓狗浴於河致有汩沒淤泥踉蹌就斃者其義不可曉徐禎堯山堂外紀載明毛栗菴埕在謁楊南峯適浴闍人以告

不獲見後南峯答拜栗庵亦以浴辭南峯卽題所投刺曰君來拜我我沐浴我來拜君君沐浴君拜我時四月八我拜君時六月六謂俗有六月六浴貓犬之諺也錢思元吳門補乘云六月六日浴貓狗吳郡他邑咸有是說　丁度集韻礦音悔洗也同類義同玉藻沐稷而礦梁吳人悔作入聲爲忽音之轉耳

曬書

六日故事人家曝書籍圖畫於庭云蠹魚不生潘奕雋六月六日曬書詩云三伏乘朝爽閒庭散舊編如游千載上

與結半生緣讀書年非耋題鶯歲又遷呼兒勤檢點家世只青氈

案孫德符野獲編六月六日內府皇史炭曝列聖實錄御製文集諸大函爲每歲故事錢思元吴門補乘亦云六月六日曝書畫崔實四民月令則以七月七日暴經書及衣裳不蠹

翻經

是日諸叢林各以藏經曝烈日中僧人集村嫗爲翻經會謂翻經十次他生可轉男身

案陳文恭公宏謀撫吴時風俗條約有禁六月六日翻經之文

三伏天

舊俗有夏九九今巳不傳但從夏至日起第三庚爲初伏第四庚爲中伏立秋後初庚爲末伏謂之三伏天好施者於門首普送藥餌廣結茶缘街坊吽賣涼粉鮮果瓜藕芥辣索粉皆爽口之物什物則有蕉扇苧巾麻布蒲鞋草席竹席竹夫人藤枕之類沿門擔供不絶土人翦紙爲方圓六八角鐙及畫舫寶塔舟車傘扇諸式或以鴨卵空其中

粘五色楮彩畫成魚穴孔納螢謂之螢火蟲鐙供小兒嬉玩浴堂亦暫停爨火茶坊以金銀花菊花點湯謂之雙花麪肆添賣半湯大麪日未午已散市早晚賣者則有臊子麪以豬肉切成小方塊爲澆頭又謂之滷子肉麪配以黃鱓絲俗呼鱓鴛鴦沈欽道吳門雜詠詩云流蘇斗帳不通光繡枕牙筒放息香紅日半窗剛睡起阿娘澆得鱓鴛鴦

案周遵道豹隱紀談石湖居士戲用鄉語云土俗以夏至後九日爲爻燠之候相傳有夏至未來莫道熱之諺又陸泳吳下田家志夏至後一說云一九至二九扇子

弗離手三九二十七冰水甜如蜜四九三十六拭汗如出浴五九四十五樹頭秋葉舞六九五十四乘涼弗入寺七九六十三牀頭尋被單八九七十二思量蓋夾被九九八十一家家打炭墼　漢郊祀志六月伏日周時無至此乃有之師古曰伏者謂陰氣將起迫於殘陽而未得升故爲藏伏因名伏日陰陽書云夏至後第三庚爲初伏第四庚爲中伏立秋後初庚爲末伏何遜詩願以三伏天催促九秋換

涼冰

土人置窨冰街坊擔賣謂之涼冰或雜以楊梅桃子花紅之屬俗呼冰楊梅冰桃子鮮魚肆以之護魚謂之冰鮮蔡雲吳歈云初庚梅斷忽三庚九九難消暑氣蒸何事伏天錢好賺擔夫揮汗賣涼冰

案王鏊姑蘇志三伏市上賣涼冰元和縣志冰窨在葑門外設窨二十四座以按二十四氣每遇嚴寒戽水蓄于蕩田冰旣堅貯之於窨盛夏需以護魚鮮并以滌暑尤倬冰窨歌云我聞古之凌陰備祭祀今何爲者惟謀利君不見葑溪門外二十四年年特爲海鮮置潭深如

井屋高山瀦水四面環冰田孟冬寒至水生骨一片玻瓈照澄月窨戸重裘氣揚揚指揮打冰衆如狂窮人麥錢不惜命赤脚踏冰寒割壓槌舂撞擊聲殷空勢欲敲碎馮夷宮硄砰倐驚倒崖谷淙琤旋疑響瓊玉千筐萬筥紛周遭須臾堆作冰山高堆成冰山心始快來歲鮮多十倍賣海鮮不發可奈何街頭六月涼冰多

珠蘭茉莉花市 諸色花附

珠蘭茉莉花來自他省薰風欲拂已畢集於山塘花肆茶葉鋪買以為配茶之用者珠蘭輒取其子號為撇梗茉莉

花則去蒂銜値號爲打爪花花蕊之連蒂者專供婦女簪戴虎邱花儂盛以馬頭籃沿門叫鬻謂之戴花零紅碎緑五色鮮濃四時照映於市不獨此二花也至于春之玫瑰膏子花夏之白荷花秋之木犀米爲居人和糖春膏釀酒釣露諸般之需百花之和本賣者輒舉其器號爲盆景折枝爲瓶洗賞玩者俗呼供花蔡雲吳歈云提筐唱徹晚涼天暗麝生香魚子圓簾下有人新出浴玉尖親數一花錢又蔣寶齡吳門竹枝詞云蘋末風微六月涼畫船銜尾泊山塘廣南花到江南賣簾內珠蘭茉莉香

案王穉登詠茉莉篇云章江茉莉貢江蘭夾竹桃花不耐寒三種盡非吳地有一年一度買來看　王鏊姑蘇志云虎邱人善於盆中植奇花異卉盤松古梅置之几案清雅可愛謂之盆景春日賣百花更晨代變五色鮮濃照映市中其和本賣者舉其器折枝者女子於簾下投錢折之沈朝初憶江南詞云蘇州好小樹種山塘半寸青松虬榦古一拳文石蘚苔蒼盆裏畫瀟湘　李翊俗呼小錄云俗數錢以五文爲一花

乘風涼

納涼謂之乘風涼或泊舟胥門萬年橋洞或艤櫂虎阜十字洋邊或分集琳宮梵宇水窗冰榭隨意留連作牙牌葉格馬吊諸戲以爲酒食東道謂之鬭牌習清唱爲避暑計者曰隄青舫爭相鬭曲夜以繼日謂之曲局或招盲女瞽男彈唱新聲綺調明目男子演說古今小說謂之說書置酒屬客遞爲消暑之宴蓋此時爍石流金無可消遣借乘涼爲行樂也

案正字通云牙牌今戲具也俗傳宣和二年所設高宗時詔頒行天下名曰骨牌如博塞格五之類今俗竹者

亦曰骨談書錄天九之戲見明潘之恒續葉子譜　晁氏讀書志云世傳葉子晚唐時婦人也撰此戲宋鞾文筆記謂葉子二字拆其上半字乃廿世二字下木字合子字作李字爲唐有二十帝之讖　陳確菴頑潭詩話馬吊謂即鬭戲始明萬歷年間崇禎間尤甚創于常熟馮猶龍百老用獻千生用闖無何有闖獻二賊之禍王石隱有鬭讖謠　李斗揚州畫舫錄云淸唱近時以葉廣明唱口爲最著納書楹曲譜爲世所宗　阮吾山茶餘客話盲女琵琶元時已有至今江淮尤甚瞿存齋過

汴梁詩云陌頭盲女無愁恨能撥琵琶說趙家是也又有瞽男者見陸放翁詩夕陽衰柳鮑家莊負鼓盲翁正作場楊誠齋集有聽盲婦攜琵琶唱鼓子詞支小白誤小青傳或呼琵琶唱盲詞沈朝初憶江南詞云蘇州好盲女撥琵琶縱少秋波橫翠黛也多春色照紅霞一樣髩堆鴉　明姜南洗硯新錄云演小說謂演說古今小說以覓衣食也

虎邱鐙船

豪民富賈競買鐙舫至虎邱山浜各占柳陰深處浮瓜沈

李賭酒徵歌賦客逍遥名姝談笑霧縠冰紈爭妍鬬豔四窗八拓放乎中流往而復回篙櫓相應謂之水轡頭日晡絡繹于冶芳浜中行則魚貫泊則雁排廹暮施燭焜煌照徹月煇與波光相激射舟中酒炙紛陳管絃競奏往往通夕而罷蔡雲吳歈云避暑天天鬧虎邱連前端午後中秋船過那得涼風到急放一回水轡頭又云鐙船入夜盡張鐙五色玻瓈列上層贏得火光八面映夜涼猶著薄吳綾

案龔明之中吳紀聞云虎邱舊名海湧山闔閭旣葬之後金精之氣化爲虎踞其墳故號虎邱後避唐諱改爲

武邱黄省曾吳風錄虎邱自胡太守纘宗創造臺閣數重益增眺勝四時游客無寥落之日寺如喧市妓女如雲諺有假虎邱之稱言非眞山也盧湛竹枝詞云儂今住近眞孃墓邱莫傳言假虎邱香雪道人南窗雜志虎邱山塘七里鶯花一湖風月士女游觀畫船簫鼓舟無大小裝飾精工窗有夾層閒以玻璃懸設綵鐙爭奇競巧紛綸五色新樣不同傍暮施燭與月煇波光相激射今鐙舫窗櫺競尚大理府石鑲嵌鐙則習用琉璃俗呼明角設遇風狂毋虞擊碎也王岡齡山塘鐙船行云夕陽明滅

遙山遮湖波淡沱收殘霞曜靈退避赤烏匿欻忽談吐金蝦蟇長空一碧浩無際晶光爛爛鋪晴沙良辰美景豈易得一時勝舉千秋誇江南夙號佳麗地金閶習尚尤豪奢山塘七里簫管沸綺羅鎮日爭諠譁鶯聲嚦嚦花外轉竹枝低唱多嬌娃重三雙七恣遊衍隔簾鬟影看宜孌茲來夋暑更消遣紅欄綠水環人家魚鱗一帶屋高下雁齒兩岸橋橫斜今夕何夕月正望淸煇萬里窮幽遐忽聞人語競鼓噪延隄櫓聲咿啞黃頭之郎蝸角妓魚衣劃破蘭橈划淸歌嘹喨出雲表嘈嘈切切

鳴箏琶明鐙一道啣尾過中流拉沓紛如麻蟬聯魚貫
互分合蜂屯蟻聚爭盤拏前船後船相斷續蜿蜒直似
長山蛇是時鐙光如白晝平湖曠望無津涯南油西漆
紛照灼九枝火樹堆銀花琉璃千重勢閃爍瓔珞一片
彤鬖髿燦如銀河披瑞靄麗似瓊島開朝霞珠宮貝闕
水晶域千影萬影相交加世間那有此奇景得毋海上
來仙槎又豈巧工類丁緩創製妥貼精無瑕吳儂鬬勝
眞好事掠錢買醉窮繁華舫齋促坐列珍味八窗四拓
輕褣紗誰家姹女三五隊亭亭小髻梳雙丫長眉彎環

暈柳葉纖手瑩白抽薑芽連翩俠少正麤集寶馬雜遝隨香車吾聞君子戒逸樂屛除麗色兼淫哇何爲終日事遊冶外疆中乾空顑頤枵無完衣兒女泣盎乏粒米妻孥嗟徒誇逐隊作豪舉百緡酒券還須賒何如居家習素業男耕婦織苠非差白隄花柳縱爛熳會須處處栽桑麻

合醬

謂造醬餡曰罨醬黃餡成之後擇上下火日合醬俗忌雷鳴諺云雷鳴不合醬郭麐合醬詩云籩豆周官重卵魚內

則諳食齊醬用八執饋老尊三數典和羹得齊民近製參
重羅麪如雪轢釜豆醤泔溲作牢丸大烝成餺飥甘黃添
雲子色藉用白茅畱曝處分窶藪先時滌石㼜吳霜飛暑
路新水汲澄潭汎溢波初沸浸淫味已含三投比麴蘖幾
宿自沈酣盎盎疑無滓霎霎慮有渰斗杓投木杼圓蓋像
鈎監醲郁緣沈浸清深或澹涵食單元異劑列器各分坩
利用羣生徧稱名異物覃椒辛來自北蒟美遂通南烏鰂
登槃豎黃梅消渴堪胡麻研瑣瑣勺藥和醃醃閒及嘉蔬
漬能令下箸貪薑芽紅斂指玉版綠抽篸蔓實餘瓜果谿

毛擷藻薻均分鹽法志足使醢人愬邇者桓寛議爭先榷

酤探高官司操剌大賈飽酣婁編戶常忥味海岷竊負擔

井疆區晉楚迫逐互戈鋏地本鹽官接人皆淡食妣趁虛

聊褎箬覆瓿孰盈壜隸事非徵博陳風當劇譚酸鹹君辨

否有味亦醰醰

案崔寔農家諺云上火不落下火滴沰俗以歷日中有

兩火相連者曰上下火日本此　風俗通云雷鳴不得

作醬今亦有此忌蔡鐵翁詩遝火避雷忙作醬　廣韻

罨烏合切音遏吳語謂覆物使不漏風曰罨

火神素

二十三日爲火神誕以神司火禱謝者衆至是或有不御葷酒者謂之火神素

案干寶搜神記炳靈公東嶽三郎也宋祥符閒改封世傳爲火神而道書又以五月十二日爲炳靈公誕或曰此火神爲祝融考重黎爲高辛氏火正帝嚳命曰祝融共工氏作亂使重黎誅之不盡乃以庚寅日誅重黎而以其弟吳回爲祝融吳回生祿終故今人稱遭火爲回祿左傳鄭禳火于回祿注火神也俗奉爲火神未知孰

是

雷齋 接雷素

二十四日爲雷尊誕城中圓妙觀閶門外四圖觀各有神象蠟炬山堆香煙霧噴殿前宇下袂雲而汗雨者不可勝計廟祝點燭之貲何止萬錢有爲首者集衆爲醮會伶人舁老郎神象入觀監齊鹵簿儀從皆梨園子弟所充羽流吟咏洞章拜表焚疏嚴肅整齊不敢觸犯天神謂報應速也自朔至誕日茹素者謂之雷齋郡人幾十之八九屠門爲之罷市或有聞雷茹素者雖當食之頃一聞虺虺之聲

重御素餚謂之接雷素蔡雲吳歈云香進雷尊帀月齋老郎監醮仗新排美人曾現氍毹相看殺梨園子弟佳

案景霄瑔書所載五雷大法有高上碧霄九天應元雷聲普化天尊卽今俗稱雷尊是也　道經六月初六日爲清暑日宜修清暑齋今人六月中多不御葷或亦清暑之意　俗以延羽流禳祓曰打醮見吳志呂蒙傳蒙病篤權命道士于星辰下爲之請命是也然醮字已見竹書紀年黃帝殺五牲以醮之

封齋開葷

嗜齋之先戚若友必饋餚饌以相燠熱謂之封齋既開齋

又如之謂之開葷

案家元慶簷曝偶談云里俗久齋其戚若友必先日具肴饌以相煖熱當謂之封葷既嗜葷當謂之開齋俗以斷魚肉之屬曰齋本梁武帝奉佛戒不食魚肉之說然考羅願爾雅翼云西方以大蒜小蒜興渠慈葱茖葱爲五葷道家以韭蒜芸薹胡荽薤爲五葷今人以朱子注齋必變食有不飲酒不茹葷之文遂以魚肉爲葷而戒之謬也

二郎神生日

是日又爲二郎神生日患瘍者拜禱于葑門内之廟祀之必以白雄雞先夕土人于廟中賣螢鐙荷花泥嬰者如市蔡雲吳歈云巧製螢鐙賽練囊摩睺羅市見昏黄兒童消得炎天毒葑水灣頭謝二郎

案宋高翥菊磵小集有輦下酒行多祭二郎神及祠山神詩云簫鼓喧天鬧酒行二郎賽罷賽張王考皇甫汸長洲志及錢湘靈陸燦常熟縣志云趙真君名昱灌洲人仕隋大業爲嘉州太守有蛟患入水斬之卒後嘉州

人見霧中乘白馬越流而過者乃昱也因立廟灌江號灌口二郎神宋眞宗時進今封邑中患瘍者禱之輙應相傳六月廿四日爲神生辰男女奔赴以祈靈貺　褚人穫堅瓠集云六月二十四日爲清源妙道眞君誕辰吳人祀之必用白雄雞相傳已久不解其故及閱陳藏器本草拾遺云白雄雞生三年者能爲鬼神所役使吳人用祀眞君或亦山川不捨騂角之意

荷花蕩

是日又爲荷花生日舊俗畫船簫鼓競於葑門外荷花蕩

觀荷納涼今游客皆艤舟至虎阜山浜以應觀荷節氣或有觀龍舟于荷花蕩者小艇野航依然畢集每多晚雨游人赤腳而歸故俗有赤腳荷花蕩之謠蔡雲吳歈云荷花蕩裏龍船來船多不見荷花開殺風景是大雷雨博得游人赤腳回

案徐崧張大純百城煙水云荷花蕩在葑門外二里許其東南接黃天蕩又云六月二十四日畫船簫鼓競於荷花蕩觀荷納涼舊府志二十四日游荷花蕩又城南草堂集六月廿四謂之荷誕實無所出惟內觀日疏是

日為觀蓮節亀采與其夫各以蓮子相餽遺昔有扶乩者是日降壇詩云酒壇花氣滿吟箋瓜果紛羅翰墨筵聞說芙蕖初度日不知降種自何年葢嘲之也云云然相沿既久類成風俗讀張遠南歌子曲猶想見當時之盛詞云六月今將盡荷花分外清說將故事與郎聽道是荷花生日要行行　粉膩烏雲浸珠勻細葛輕手遮西日聽彈箏買得殘花歸去笑盈盈邵長蘅治游詩云六月荷花蕩輕橈泛蘭塘花嬌映紅玉語笑薰風香今數十年來翠葢紅衣零落殆盡烟波浩渺牘有小艇漁

父相爲莫逆而已又沈朝初憶江南詞云蘇州好廿四賞荷花黃石彩橋停畫鷁水晶冰窨劈西瓜痛飲對流霞注六月廿四日爲荷花生日游人都至葑溪溪傍置冰窨盛暑不熱然今俗亦都非矣

消夏灣看荷花

洞庭西山之址消夏灣爲荷花最深處夏末舒華燦若錦繡游人放櫂納涼花香雲影皓月澄波往往留夢灣中越宿而歸

案府志消夏灣在洞庭西山之址深入八九里三面峯

環一門水匯僅三里耳舊傳爲吳王避暑處范成大有銷夏灣詩云蓼磯楓渚故離宫一曲清漣九里風縱有暑光無著處青山環水水浮空又高啟詩云凉生白苧水浮空湖上曾開避暑宫清簟疏簾人去後漁舟占盡柳陰風府志又云荷花有紅白黄數種洞庭東西山人善植荷夏末秋初一望數十里不絶爲水鄉勝景沈朝初憶江南詞云蘇州好消夏五湖灣荷静水光臨曉鏡雨餘山翠濕煙鬟七十二峯閒

二十五日爲辛天君誕辰謂天君爲雷部中主簿神凡奉雷齋者至日皆茹素以祈神佑又月之辛日及初六日俗呼三辛一板六不御葷謂之辛齋

案莊子顏回曰回之家貧不茹葷不飲酒數日矣可以爲齋乎孔子曰是祭祀之齋非心齋也云云據此則俗之辛齋當是心齋之譌爾

清嘉錄　　吳縣　顧祿　鐵卿

卷七目錄

七月

智巧
染紅指甲
看天河
燒青苗
青龍戲
七月半
齋田頭
盂蘭盆會水旱燈
棉花生日

地藏王生日

清嘉錄

卷七　　吳縣顧　祿鐵卿譔

七月

預先十日作秋天作俗讀租去聲

立秋前數日羅雲複疊細雨廉纖金風欲來炎景將褪似乎有新涼之意思諺云預先十日作秋天李福偶得吳諺成詩云梧桐滿院綠陰連引得新涼到枕邊細雨斜風幾番過預先十日作秋天

案韓昌黎詩非閣復非船可居兼可過君去問方橋方橋如此作今方音作讀佐俗用做正字通云做俗作字字彙租去聲又音佐不知作本有去入二音分作做爲二非

秋𣫍䅋收粃穀天收

立秋日雷鳴主稻秀不實諺云秋𣫍䅋收粃穀又以稻秀時濃霧大作中有白虹橫貫者俗呼白鱟亦主穫粃穀謂之天收蔡雲吳歈云雨灑風飄日又晴先秋十日借秋聲雪瓜火酒迎新爽怕聽天邊玉虎鳴

案盧志立秋日忌雷聲諺云秋孛鹿損萬斛范石湖秋雷歎云立秋之雷損萬斛吳儂記此占年穀汰哉豐隆無藉在政用此時鳴孛轆向來夏旱連三月吁嗟上訴聲滿屋訟風未懲復占雷助魃爲妖天更酷我雖閒寂忝祠史家請官供尙倉粟塵甑貧交滿目前卒歲將何救枵腹但願吳儂言不驗共割黃雲炊白玉天人遠近叵戲論禆竈安能尸禍福　范志又云立秋後虹見爲天收雖大稔亦減分數　農桑要覽虹俗呼鱟以形如鱟魚背故名也蔡鐵翁詩一秋無鱟慰村農　江震志

云立秋後丁卯日忌雨諺云雨打秋丁卯田中穫爛稻

朝立秋渹颼颼夜立秋熱吽吽 秋老虎

土俗又以立秋時之朝夜占涼燠諺云朝立秋渹颼颼夜立秋熱吽吽自是以後或有時仍酷熱不可耐者謂之秋老虎

案崔實四民月令作朝立秋冷颼颼夜立秋熱到頭

世說劉眞長見丞相王導時方盛夏導以腹熨彈棋局曰何乃渹劉出曰未見他異惟聞吳語渹丁度集韻音轟吳俗謂冷曰渹轉爲於禁切音窨　岑參登嘉州凌

雲寺作僧房雲濛濛夏月寒颼颼颼颼寒意也　前漢東方朔傳狋吽牙者兩犬爭也注吽五侯反吳人謂氣不足而喘者輒笑以爲狋音希吽音吼平聲吽吽熱盛氣促意也

立秋西瓜

立秋前一月街坊已擔賣西瓜至是居人始薦於祖禰並以之相餽貺俗稱立秋西瓜或食瓜飲燒酒以迎新爽有等鄉人小艇載瓜往來於河港叫賣者俗呼叫浜瓜

案陸容菽園雜記金時王子可詠西瓜云一片冷裁潭

底月六灣斜捲隴頭雲是西瓜金已有之五代史四夷附錄胡嶠居契丹七年上自京東去四千里到眞珠寨始食菜明年東行始食西瓜土人云契丹破回紇得此種以牛糞覆棚而種大如中國東瓜而甘楊升菴引胡嶠陷鹵記云于回紇得瓜種結實大如斗味甘名曰西瓜則自嶠始入中國也賀方回秋熱詩西瓜足解渴割裂靑瑤膚文信國亦有西瓜吟舊志西瓜出雙鳳鎭者佳名寺前瓜以其在法輪寺左右也盧志白瓜生長洲大姚村算筩瓜出崑山楊莊金子瓜不甚大子小色如

金生吳縣姑蘇志出跨塘薦福山者曰薦福瓜味甘裏
鬆元和縣志出虎邱者名徐家靑其種最佳甫里亦之
近時以常熟梅前結實者爲佳俗呼梅瓜較别邑土産
甘鬆可愛崔寔四民月令初伏則薦麥瓜於祖禰吳俗
則以立秋日薦瓜而崑新常昭志皆云立秋日按時食
西瓜蓋本豳風七月食瓜之意也

巧果

七夕前市上已賣巧果有以麪白和糖綰作苧結之形油
氽令脆者俗呼爲苧結至是或偕花果陳香蠟于庭或露

臺之上禮拜雙星以乞巧蔡雲吳歈云幾多女伴拜前庭豔說銀河駕鵲翎巧果堆盤卿負腹年年乞巧靳雙星

案王鏊姑蘇志云七夕市上賣巧果又九縣志皆云七夕以麪和糖油煎令脆食之名曰巧果葢以喫巧果叶乞巧也沈朝初憶江南詞云蘇州好乞巧望雙星果切雲盤堆玉縷針拋金井汲銀瓶新月挂疏櫺然孟元老東京夢華錄亦云七夕以油麪糖蜜造爲笑靨兒謂之果食花樣奇巧又陸啟浤北京歲華記云七夕市上賣巧果又吳曼雲江鄉節物詞小序云杭俗七夕設時果

祀雙星謂之巧果或以花儷之爲閨房韻事詩云乞巧誰從貸聘錢瓜花穀板獻初筵阿儂采得同心果不爲雙星證夙緣　吳中舊俗七夕陳瓜果焚香中庭僧尼各聚男女燒香者爲會見吳縣志又范志七夕亦有乞巧會令兒女輩悉與謂之女兒節又王志七夕以青竹戴綠荷繫于庭作承露盤男女羅拜月下飣果皆曰巧又以線刺針孔辨目力明日視盤中蜘蛛含絲者謂之得巧餘皆擧露飲之今俗皆廢　字彙氽土懇切音吞上聲水推物也字林撮要氽在水上爲氽吳語謂以水

推物曰余

磬巧

七日前夕以杯盛鴛鴦水掬和露中庭天明日出曬之徐俟水膜生面各拈小鍼投之使浮因視水底針影之所似以驗智魯謂之磬巧

案沈榜宛署雜記燕都女子七日以椀水暴日中各投小針浮之水面徐視水底日影或散如花動如雲細如綫觕如椎因以卜女之巧劉侗帝京景物略謂之丟巧針吳曼雲江鄉節物詞小序謂卽古穿針遺俗杭人謂

之針影詩云穿線年年約比鄰更將餘巧試針神誰家獨見龍梭影繡出鴛鴦不度人　砮廣韻冬毒切集韻都毒切並音篤落石也吳語謂棄擲曰砮其義可通

染紅指甲

搗鳳仙花汁染無名指尖及小指尖謂之紅指甲相傳留護至明春元旦老年人閱之令目不昏

案周密癸辛雜志鳳仙花紅者搗碎入明礬少許染指甲用片帛纏定過夜如此三四次則其色深紅洗滌不去日久漸退回人多喜之花史李玉英秋日搗鳳仙花

染指甲又明瞿佑紅甲詩云金盆和露搗仙葩解使纖纖玉有瑕一點愁凝鸚鵡喙十分春上牡丹芽嬌彈粉淚拋紅豆戲掐花枝鏤絳霞女伴相逢頻借問幾回錯認守宮砂但不定在七夕耳惟崑新合志則云七夕少女搗鳳仙花汁染指尖

看天河

七夕後看天河顯晦卜米價之低昂謂晦則米貴顯則米賤予有七夕看天河詩云未弦月色映前谿靜夜銀彎一望低欲卜秋來新米價天孫遠嫁在河西

案崑新合志云七夕天河去以河來日久速卜米價貴賤大約十日則一兩郭頻伽櫻園消夏錄載戴石屏舟中夜坐詩云獨坐觀星斗一襟秋思長天河司米價太乙照時康謂此語流傳已久

燒青苗

是時田夫耕耘甫畢各醵錢以賽猛將之神舁神于場擊牲設醴鼓樂以酬四野徧插五色紙旗謂如是則飛蝗不爲災謂之燒青苗

案吳縣舊志亦載燒青苗之俗謂横塘木瀆等處尤盛

青龍戲

老郎廟梨園總局也凡隸樂籍者必先署名於老郎廟廟屬織造府所轄以南府供奉需人必由織造府選取故也每歲竹醉日後炎暑逼人宴會漸稀園館暫停烹炙不復歌演謂之散班散而復聚曰團班團班之人俗稱戲螞蟻中元前後擇日祀神演劇謂之青龍戲迺邇秋深增演鐙戲鐙戲出場先有坐鐙彩畫臺閣人物故事駕山倒海而出鑼鼓敲動魚龍曼衍煇煌鐙燭一片琉璃蓋金閶戲園不下十餘處居人有宴會皆入戲園爲待客之便擊牲烹

鮮賓朋滿座闌外觀者亦累足駢肩俗目之爲看閒戲有無名氏新樂府云金閶市裏戲館開門前車馬雜遝來烹羊擊鯉互主客更命梨園演新劇四圍都設木闌干闌外容人子細看看殺人間無限戲知否歸場在何地繁華只作如是觀收拾閒身鬧中寄

案錢思元吳門補乘老郎廟在鎮撫司前梨園弟子祀之其神白面少年相傳爲明皇因明皇與梨園故也又引郭璞山海經云騩山耆童居之其音常如鐘磬音云耆童老童也顓頊之子老郎疑即老童爲音聲之祖郎

與童俱年少稱介休劉澄齋觀察有老郎廟詩亦作唐明皇有句云梨園十部調笙簧路人走看賽老郎老郎之神是何許乃云李氏六葉天子唐明皇王夢樓太守又謂是唐莊宗嘗題老郎畫讚有句云人言天寶我爲同光　沈朝初憶江南詞云蘇州好戲曲協宮商院本愛看新樂譜舞衣不數舊霓裳崑調出吳閶

七月半

中元俗稱七月半官府亦祭郡厲壇游人集山塘看無祀會一如淸明人無貧富皆祭其先新亡者之家或倩釋氏

羽流誦經超度至親亦往拜靈座謂之新七月半

案宋本顏之推家訓終制篇云有時齋供及七月半盂蘭盆望于汝是稱中元爲七月半由來已久　吳自牧夢粱錄中元節祀先用麻穀窠兒厲預報秋成之意又云有力者於家設醮薦悼江震志皆載中元日多以五更素食享先新亡者之家尤早

齋田頭

中元農家祀田神各具粉糰雞黍瓜蔬之屬於田間十字路口再拜而祝謂之齋田頭

案韓昌黎詩共向田頭樂社神又云願爲同社人雞豚宴春秋周禮疏云社者五土之總神又爲田神之所依則是今之七月十五日之祀猶古之秋社耳

盂蘭盆會 水旱鐙

好事之徒斂錢糾會集僧衆設壇禮懺誦經攝孤判斛施放焰口紙糊方相長丈餘紙鏹累數百萬香亭旛蓋擊鼓鳴鑼雜以盂蘭盆冥器之屬於街頭城隅焚化名曰盂蘭盆會或翦紅紙鐙狀蓮花焚於郊原水次者名曰水旱鐙謂照幽冥之苦徐倬盂蘭盆會歌云城頭鼓角吹遥空沈

沈月色來陰風陰風淅瀝紙錢飛金山銀山光閃紅道場潔淨大歡喜撞鐘伐鼓聲隆隆聲隆隆鐙爛爛千盞萬盞蓮花散蓮花散成般若臺欲泛慈航登彼岸啾啾衆鬼泣荒邱棲苔附草招同伴魂來風月明竹枝滿地播影横魂去風月落森森夜色轉蕭索須彌一粟不可量杯中淨水甘露涼安得甘露化爲酒孤魂一吸消愁腸雉鷮鷮狗喔喔蟾蜍影滅高樹顛螢火飛光不成綠

案陸放翁老學菴筆記故都殘暑不過七月中旬俗以望日具素饌享先織竹作盂盎狀貯紙錢承以一竹焚

之視盆倒所向以占氣候向北則冬寒向南則冬溫東西則寒溫得中謂之盂蘭盆蓋俚俗老嫗輩之言也又有盂蘭盆倒則寒來之諺晏元獻詩紅白薇英落朱黃槿豔殘家人愁溽暑計日望盂蘭則盂蘭盆乃以占氣候者然青泥泊載目蓮救母具五味百菓著盆中供養十方大德佛得脫餓鬼之苦釋氏要覽盂蘭者天竺語猶云倒懸救急器也遂相沿作佛氏之說顏之推家訓終制篇云有盂蘭盆望於汝之語是六朝時已行之唐代且行之禁中如六典載中尚署七月十五日進盂蘭

盆舊唐書代宗七月望日於内道場造盂蘭盆飾以金翠所費百萬孫思邈千金月令七月十五營盆供寺爲盂蘭會又孟元老東京夢華録中元買冥器以竹斫三脚如鐙窩狀謂之盂蘭盆挂冥錢衣服在上焚之後人且廣爲華飾刻木削竹飴蠟翦綵模花葉之形爲盂蘭盆又吳自牧夢粱録云有力者中元夜於家設醮薦拔孤魂僧寺建盂蘭盆會又周密武林舊事中元節僧寺作盂蘭盆齋又陸啟浤北京歲華記中元節各寺設盂蘭盆以長椿寺爲盛則知此風非吳獨有盧志七月十

五日僧舍悉預營齋供佛人薦亡謂之盂蘭盆會嘉熙閒郡守王公怪盂蘭盆會之不經作文禁止是歲竟不敢作　江震志皆云中元夜沿河放鐙謂之照冥吳曼雲江鄉節物詞小序云杭俗翦紙作鐙如荷徧地焚之謂照幽冥之苦但在七月晦日不在中元又陸啟浤北京歲華記云都城七月晦日積水河泡子河各有水鐙店

棉花生日

二十日俗傳棉花生日忌雨諺云雨打七月念棉花弗上

案歲時瑣事七月二十日諺謂陳棉花生日喜晴

地藏王生日

晦日爲地藏王生日駢集於開元寺之殿酬願燒香婦女有脱帮之俗帮以紅紙爲之謂曾生產一次者脱帮一次則他生可免產厄點肉身鐙爲報娘恩以紙錠凳納寺庫爲他生資謂之寄庫昏時比戶點燭庭階謂之地藏鐙兒童聚磚瓦成塔燒團琥珀屑爲戲俗稱狗屎香蔣元熙地藏鐙詩云金仙轉劫降東瀛教主偏從晦日生一點禪鐙分寶焰頓教黑地盡光明又蔡雲吳歈云脱帮解穢一重

重村婦紛投地藏宮磚塔夜來燃珀屑水鐙放後地鐙紅
又郭麐七月晦日詩云萬百千鐙并一炬幽幽鬼火青如
雨人閒那識那落迦但聞中有幽冥主盂蘭盆會佛所傳
始自弟子目犍連七月卅日夜鐙火放於彼法無有焉天
龍人鬼趣殊別未卜他生安所適紛紛翦紙筦庫來陰天
純作金銀色四輪持世地何藏地藏乃亦稱爲王可憐焰
摩擅威福時復銕汁鎔其腸我生坐破米汁戒墮地生天
不蔕芥但願探支張說所鑄之橫財先爲今生償酒債
案本願經云地藏王初爲長者子見師子佛相好因問

作何行願而得此相佛言欲證此身當須久遠脱度受
苦衆生因發願言我今盡未來際爲是罪苦六道衆生
廣設方便盡令解脱而我自身方成佛道以是於彼佛
前立斯大願於今百千萬億那由他刧尙爲菩薩又云
諸分身地藏菩薩各復一形白佛云我所分身徧滿百
千萬億恒河沙世界每一世界化百千萬億身每一身
度百千萬億人云云太白有地藏菩薩讚陸啟浤北京
歲華記七月晦日爲地藏佛誕供香燭於地此風輦下
亦行之崑新合志云七月杪相傳爲地藏王誕夜點燭

庭階曰幽明鐙擕楮錠至地藏殿焚之以遺亡者常昭

合志三十日爲地藏王生日證度菴士女進香者極盛

清嘉錄

吴縣　顧祿　鐵卿

卷八目錄

八月

天灸

竈君生日

八字娘娘生日

八月半

小擺設

齋月宮

燒斗香

走月亮

月餅

塔鐙

石湖看串月

餈團

稻生日

木犀蒸

秋興

處暑十八盆　白露身弗露　處暑若還天不雨

縱然結實也難收　白露白迷迷秋分稻秀齊

稻秀只怕風來擺麥秀只怕雨來淋　分後

社白米徧天下社後分白米像錦墩　寒露沒

青稻霜降一齊倒　霜降見霜米爛陳倉　未霜

見霜糶米人像霸王

清嘉錄

九六

清嘉錄

卷八

吳縣顧　祿鐵卿譔

八月

天灸

朔日蚤起取草頭露磨墨點小兒額腹以袪百病謂之天灸

案盧志及長元吳志皆載天灸之俗又風俗通云是日爲六神日以露調朱砂蘸小指點額去百病

竈君生日

初三日爲竈君生日家戸具香蠟素羞以祀天王堂及福濟觀之竈君殿進香者絡繹終日有集男婦嗜齋爲會者謂之竈君素

案道經八月三日爲東厨司命眞君誕辰故俗稱竈神爲竈君禮祀夫爨者老婦之祭盛於盆尊於瓶故婦女多預之

八字娘娘生日

八日爲八字娘娘生日北寺中有其像誕日香火甚盛進

香者多年老婦人預日編麥草爲錠式實竹籮中籮以金紙糊之兩籮對合封固上書某門某氏姓氏是日焚化殿庭名曰金飯籮謂如是能致他生豐足

案八字娘娘像在城中北寺内一半老婦人插花滿頭相傳與人生前造命婦女爇香獻履再生可轉男身

八月半

中秋俗呼八月半是夕人家各有宴會以酬佳節人又以此夜之晴雨占次年元宵陰晴諺云八月十五雲遮月來歲元宵雨打鐙又云雨打上元鐙雲罩中秋月蔡雲吳歈

云悶悶中秋雲罩月嘵嘵元夜雨淋鐙誰知籬豆花開日養稻正需水滿塍

案常昭合志邑人以中秋夜晴雨占次年元宵晴雨良驗然此語已見周恭肅公集但願中秋不見月博得元宵雨打鐙

小擺設

好事者供小財神大不逾尺而臺閣几案盤匜衣冠鹵簿樂器博奕戲具什物亦縮至徑寸無不稱之俗呼小擺設士女縱觀門闌如市蔡雲吳歈云耗財供奉小財神擺設

爭看緉本新底事清宵作兒戲門鬬好駐冶容人

案正韻擺排而振之也馬融廣成頌擺牲班禽吳俗謂

陳設爲擺設其義本此

齋月宮

比戶瓶花香蠟𡍼空頂禮小兒女膜拜月下嬉戲鐙前謂

之齋月宮

案陸啟浤北京歲華記中秋之夕人家各置月宮符像

符上兔如人立陳瓜果於庭餅面繪月中蟾兔男女肅

拜燒香旦而焚之吳俗不設月宮符象向空展拜而已

燒斗香

香肆以線香作斗納香屑於中僧俗咸買之焚於月下謂之燒斗香尤崧鎮斗香詩云拈將香線匀兼細長短編成斗樣同祇合靈檀和木屑豈乏旨酒薦瓊宮佳人撤帳腰頻折處士占星柄自空吳俗中秋傳韻事滿庭馥桂正臨風又云愧無麗藻拾山香才思難將此物量燭焰衝來槎貫月檀心陷處膽如囊煙縈尚結科文細灰燼猶留印樣方深夜羣眞倘下界不嫌斗室詠霓裳

案吳曼雲江鄉節物詞小序云杭俗糊紙爲斗炷香其

中高者可二尺許中秋夜祀月則設之詩云心字燒殘寸寸灰靈香上請月輪開斗量畢竟人閒少桂粟新收萬斛來

走月亮

婦女盛妝出游互相往還或隨喜尼菴雞聲喔喔猶婆娑月下謂之走月亮蔡雲吳歈云木犀球壓鬢絲香兩兩三三姊妹行行冷不嫌羅袖薄路遥翻恨繡幫長

案崑新合志中秋夕游人踏月馬鞍山前吳江志是夕羣集白漾歡飲竹肉並奏往往徹曉而罷震澤舊志中

秋夜攜榼勝地聯袂踏歌昭文志八月望游人操舟集湖橋望月又盧志及長元志皆云中秋傾城士女出游虎邱笙歌徹夜吳縣志又云作腹會各據勝地延名優清客打十番爭勝負十二三日始十五止邵長蘅冶游詩有中秋千人石聽歌細如髮之句又沈朝初憶江南詞云蘇州好海湧玩中秋歌板千羣來石上酒旗一片出樓頭夜半最清幽今虎邱踏月聽歌之俗固不逮昔年而畫舫妖姬徵歌睹酒前後半月殆無虛夕并錄蔡雲吳歈于此詞云七里山塘七里船船船笙笛夜喧天

十千那敎一船費月末上弦直到圓

塔鐙

村民於曠野以瓦壘成七級浮屠中供地藏王像四圍燃鐙謂之塔鐙

案崑新風俗是夕亦點塔鐙或用蘆粟及琉璃　郡俗并七月晦日或曰此以之照幽冥非徒事游觀也梅霜崖中秋瓦塔詩云不須縞版築崚嶒一柱擎空七級鐙銅雀臺灰餘片片靈光殿礫積層層燭龍鱗甲沖霄動蛤蚌珠璣拔地升士女傾城齊竚望芳辰皓月景彌增

月餅

人家餽貽月餅爲中秋節物十五夜則偕瓜果以供祭月筵前祁啟蓴月餅詩云中秋節物未爲低火熯羅羅出釜齊一樣餅師新製得佳名先向月中題

案吳縣志中秋賣餅謂之月餅又常昭合志中秋以月餅相餽貽然馮慕岡月令廣義亦云燕都士庶中秋餽遺月餅西瓜之屬名看月會田汝成西湖游覽志中秋民間以月餅相遺取團圓之義又吳曼雲江鄉節物詞小序杭俗中秋食月餅夜設祭月取人月雙圓意詩云

粉膏圓影月分光不是紅綾亦飽嘗只恐團圞空說餅
征人多少未還鄉

石湖串月

十八日游石湖昏時看行春橋下串月舊俗多泊舟望湖亭今亭廢而畫舫皆不輕往或借觀串月之名偶有一二往游者金烏未墜便已辭櫂石湖爭泊白隄徵歌賭酒矣蔡雲吳歈云行春橋畔畫橈停十里秋光紅蓼汀夜半潮生看串月幾人醉倚望湖亭又云怒濤影曡饒溪港皓魄光連寶帶橋共說楞伽秋坐好那知春月漾春潮又徐士

鋐吳中竹枝詞云秋風十里綠蒲生串月看來虛有名十八橋環半遮月漁郎一點水邊明

案周密齊東野語石湖在楞伽山下太湖之一派也王鏊姑蘇志云界吳縣吳江之閒有茶磨諸峯映帶頗爲絕勝相傳范蠡從入五湖處徐崧張大純百城烟水八月十八日羣往楞伽山望湖亭看串月爲奇觀盧志十八日昏時登楞伽山遙望湖亭士女爲看串月之游長元吳志皆載十八日昏時游石湖觀寶帶橋下串月褚人穫堅瓠集云從寶帶橋外出數有七十二此橫說也

或云從葑門外饒溪港光影相接望如塔鐙此監説也然亦如阿閦佛國纔一現耳族高伯祖俠君先生有八月十八夜看串月歌云治平山寺何岧嶤湖光吐納山連遥烟中明滅寶帶橋金波萬疊風騷騷年年八月十八夜飛廉驅雲落村舍金盆出水燿光芒琉璃迸破銀瓶瀉散作明珠千萬顆老兔寒蟾景相嚇魚婢蟹奴爭獻奇手搴桂旗吹參差水花雲葉橋心布移來海市秋風時吳儂好事邀新客舳艫銜尾排南陌紅豆新詞出絳唇粉胸繡臆回歌席緑蛾淋漓柁樓倒醒來月在松

杉杪又邵長蘅冶游詩有十八楞伽山湖亭待串月之句光西堂詩云常是擕兒看串月行春橋畔聽吹簫蓋是時游客皆泛舟石湖也土人云二月十八夜亦見串月又云郡城眼目司堂前橋中亦可看串月之影沈朝初憶江南詞云蘇州好串月看長橋橋畔重重湖面闊月光片片桂輪高此夜愛吹簫注云行春橋跨石湖之上八月十八日月光初起入橋洞中其影如串或云十八夜串月從上方塔錸練中看出是夜月之分度適當錸練之中倒影於地聯絡一串故云

餈糰

二十四日煮糯米和赤豆作糰祀竈謂之餈糰人家小女子皆擇是日裹足謂食糍糰纏脚能令脛軟蔡雲吳歈云白露迷迷稻秀勻糭糰戸戸已嘗新可憐繡閣雙丫女初試弓鞋不染塵

案許慎說文餈稻餅謂炊半爛擣之不爲粉也長元吳志及常昭合志皆云二十四日以新秫米爲餻糰祀竈餈又作糍見吳自牧夢粱錄懐信坊俗呼糍糰巷是糍糰之名舊已

稻生日

農人以是日爲稻生日雨則藁多腐諺云燒乾柴吃白米

案九邑志皆載八月二十四日爲稻藁生日忌雨又歲時瑣事稻藁日雨則雖得稿亦腐

木犀蒸

俗呼巖桂爲木犀有早晚二種在秋分節開者曰早桂寒露節開者曰晚桂將花之時必有數日鬱熱如溽暑謂之木犀蒸言蒸鬱而始花也自是金風催蕊玉露零香男女耆穉極意縱游兼旬始歇號爲木犀市

案張邦基墨莊漫錄浙人呼巖桂曰木犀以木之紋理如犀也曾幾詩團團巖下桂表表木中犀羅湖野錄晦堂和尚謂黃山谷曰聞木犀香乎又張先桂花詩此木玉之犀更貯萬斛香是古時皆作木犀今人犀字加木傍作木樨非是范成大吳郡志桂本嶺南本吳地不常有之唐時始有植者白樂天守郡日謂蘇之東城古吳都城也今爲樵牧之場有桂一枝生乎城下惜不得其地賦東城桂詩唁之有子墮本從天竺寺托根今在闔閭城之句今隨在有之莫旦蘇州賦注云周虎家有古

桂數千本號淩霜

風潮

七八月間大風陡至先有海沙雲起者謂之風潮蔡雲吳歈云裂殘火織作羅紋蕭颯聲來退暑氛又恐風潮壞棉稻東南莫起海沙雲

案海粟道人莊諸雜志吳中七八月間大風陡起一二晝夜不息者名爲風潮萬竅怒號揚沙走石元人詩有云排空疑有鬼神戰對面不聞人語音

秋興

白露前後馴養蟋蟀以爲賭鬬之樂謂之秋興俗名鬬賺績提籠相望結隊成羣呼其蟲爲將軍以頭大足長爲貴青黃紅黑白正色爲優大小相若銖兩適均然後開冊鬬時有執草引敵者曰墪草兩造認色或紅或綠曰標頭臺下觀者即以臺上之勝負爲輸贏謂之貼標鬬分籌馬謂之花花假名也以制錢一百二十文爲一花一花至百花千花不等憑兩家議定勝者得彩不勝者輸金無詞費也

案陸璣詩草木蟲魚疏蟋蟀似蝗而小正黑目有光澤如漆有角翅善鬬幽州人謂之趣織督促之言也吾鄉

謂之賺績其義本通陸佃埤雅蟋蟀善跳其鳴在股吳人取其雄而矯健者馴養以鬭賈秋壑促織經蟲之色白不如黑黑不如赤赤不如青又陸丹扆小知錄云有紅鈴月額諸名吳人養之以仰頭捲鬚練牙踢腿爲四病吳縣志出橫塘楞伽山諸村者健鬭明宣德中有朱鎮撫者進此得寵遂加秩厲樊榭集注遠客泊舟來鬭蟋蟀俗稱客蟲　先希馮公玉篇云蟚同蚑牽去聲爾疋釋草蔚牡菣注蔚卽蒿之雄無子者家景星作鬭蟋蟀記有云蟚一莖六穗或三穗對節生取莖長五寸餘

披其首如毿蒸熟用之以便驅撥又云江北呼爲䆗䆗

江南呼爲賺績白露後開鬭重陽後止鬭

處暑十八盆　白露身弗露　處暑若還天不雨

縱然結實也難收　白露白迷迷秋分稻秀齊

稻秀只怕風來擺麥秀只怕雨來霖　分後

社白米徧天下社後分白米像錦墩　寒露沒

青稻霜降一齊倒　霜降見霜米爛陳倉

土俗以處暑後天氣猶暄約再歷十八日而始涼諺有云

處暑十八盆謂沐浴十八日也又諺云白露身弗露言至

是天氣乃肅可以授衣耳又以處暑日宜雨諺云處暑若還天不雨縱然結實也難收又以白露前後霧主稻穗易實諺云白露白迷迷秋分稻秀齊又以稻秀時忌風諺云稻秀只怕風來擺麥秀只怕雨來霖又以秋分在社前主年豐秋分在社後主歲歉諺云分後社白米徧天下社後分白米像錦墩稻田收割又皆以霜降爲候蓋寒露乍來稻穗已黃至霜降乃刈之諺云寒露没（讀如驀音平聲）青稻霜降一齊倒又以霜降日宜霜主來歲豐稔諺云霜降見霜米爛陳倉若未霜而霜主來歲饑諺云未霜見霜糶米人像

霸王

案長元吳志皆載秋分在社前則田有收而穀賤分在社後則無收而穀貴又歲時廣記載諺云秋分在社前斗米換斗錢秋分在社後斗米換斗豆○江震志云冬至日無霜主來歲荒歉諺云冬至無霜碓杵無糠

清嘉錄

卷九目錄　　吳縣　顧祿　鐵卿

九月

清嘉錄卷九目錄　一

菊花山
喚黃雀
養叫哥哥
鬪鵪鶉
陽山觀日出

清嘉錄

吳縣顧　祿鐵卿譔

卷九

九月

重陽信

重陽將至盲雨滿城涼風四起亭皋落葉隴首飛雲人以是爲立秋後第一寒信謂之重陽信俗又有九月九蚊蟲叮石臼之語又謂重陽日晴則一冬無雨雪諺云夏至有風三伏熱重陽無雨一冬晴李福重陽日風雨詩云重陽

七字足千古斷句不勞後人補天公也似可其詩到此年年例風雨昨朝皎日懸清光秋花弄影留餘芳徹夜狂飈作勢急半庭冷綠芭蕉濕縱然佳節不宜晴那見登高笠屐行落帽清狂興既阻題糕雅韻詩誰賡破寂聊憑一盃酒喚起東籬吾老友籬邊但聽雨聲喧不見黃花開笑口時序夋涼感遞遷重陽一過將殘年屋角羣鴉飛作陣漫天都是催寒信催來寒信莫便嗔多少寒衣未製人

案荊楚歲時記重陽日常有疏風冷雨吾鄉呼爲秋風盲雨　長元吳志皆云九月九日晴冬無雨雪　馬大

壯天都紀載謂欽天監柱聯作夏至酉逢三伏熱重陽戊遇一冬晴吳人謂有風無雨當是酉逢戊遇之誤

登高

登高舊俗在吳山治平寺中牽羊賭彩爲攤錢之戲今吳山頂機王殿猶有鼓樂酬神喧闐日夕者或借登高之名遨游虎阜簫鼓畫船更深乃返蔡雲吳歈云文穆祠荒少客過治平古寺暮雲多肉山酒海傷心後近日銷金別有窩

案吳均續齊諧記費長房語桓景九日當登高飲菊葉

酒因齊家登山孟嘉從桓溫游龍山亦九日登高之舉後遂相承爲故事南齊書禮志宋武帝在彭城時九日上項羽戲馬臺登高齊武帝本紀九日孫陵岡商飈館登高宴羣臣全唐詩話唐中宗臨渭山登高皆是然古人登高不止九日石虎鄴中記及隋文帝本紀有正月十五日登高之會桓溫參軍張望有七日登高詩晉李充有七日登剡山寺詩韓退之有人日城南登高詩元魏東平王翕有人日登安仁山銘蓋郎老子所云衆人熙熙如登春臺之意與九日登高祓除之義不同沈朝

初憶江南詞云蘇州好冒雨賞重陽別墅登高尋說虎吳山脫帽戲牽羊新釀酒城香注吳山九日登高牽羊戲博俗呼撲羊又邵長蘅冶游詩何許更登高吳山黃花節今俗皆非并錄申時行吳山行九見當時奢靡之習詩云九月九日風色嘉吳山勝事俗相誇闔閭城中十萬戶爭門出郭紛如麻拍手齊歌太平曲滿頭爭插茱萸花橫塘迤邐通茶磨石湖蕩漾遶楞伽蘭橈桂楫千艘集綺席瑤尊百味賒玉勒聯翩過羽騎青簾絡繹度香車影纓挾彈誰家子跕屣鳴箏何處娃不惜鉤衣

穿薜荔寧辭折屐破煙霞萬錢决賭爭肥羜百步超驤
逐帝騶落帽遺簪拚酩酊呼盧蹋鞠恣喧譁只知湖上
秋光好誰道風前日易斜隔浦晴沙歸雁鶩沿溪曉市
出漁蝦熒煌鐙火闐歸路雜遝笙歌引去槎此日遨游
眞放浪此時身世總繁華道旁有叟長太息若狂舉國
空豪奢比歲倉箱多匱乏縣官賦斂轉增加閭閻凋瘵
誰能卹杼柚空虛更可嗟何事傾都溷邱壑何緣罄橐
委泥沙白衣送酒東籬下誰問柴桑處士家崑新合志
九日邑人胥上馬鞍山登高江震志但云九日登高燕

飲者必簪菊泛萸不言登高之處常昭合志虞山登高

重陽糕

居人食米粉五色糕名重陽糕自是以後百工入夜操作謂之做夜作蔡雲吳歈云蒸出棗糕滿店香依然風雨古重陽織工一飲登高酒篝火鳴機夜作忙

案謝肇淛五雜組引呂公忌云九日天明時以片糕搭兒女頭額更祝曰願兒百事俱高此古人九日作糕之意邵溥聞見後錄劉夢得作九日詩欲用餻字以五經中無之輟不復爲宋子京以爲不然故子京九日食糕

有詠云颷館輕霜拂曙袍糗餈花飲鬭分曹劉郎不敢題餻字空負詩中一世豪呂希哲歲時雜記云二社重陽尚餻食而重陽爲盛以棗爲之或加以栗亦有用肉者崔正言詩歸去釀錢煩里社買餻沽酒作重陽孫國敉燕都游覽志重九日敕賜百官花餻宴又劉侗帝京景物略九日父母家必迎女歸寧食花餻皆重陽餻也吳郡志九月九日食重陽餻范志重九以菊花茱萸嘗新酒食栗䊦花餻雅志重陽日蒸五色餻相餉謂之重陽餻吳縣志九日賣餻作黃色名重陽餻臯新合志云

用麪發豐餻糝百果於其上江震志云以麪裹肉炊之常昭合志云用麪和脂而蒸之王志又謂之駱駝蹄葢舊俗用麪裹肉炊之形如駝蹄故名長元志又皆云今以餻代名重陽餻

祭釘靴

十三日俗祭釘靴占一冬晴雨晴則冬無雨雪諺云九月十三晴釘靴挂斷繩

案歲時瑣事九月十三日爲釘靴生日是日宜晴　江震志皆云是日晴主一冬少雨利收穫諺云九月十三

晴不用葢稻亭

旗纛信爆

霜降日天向明官祭軍牙六纛之神祭神時演放火鎗陣
俗名信爆先期張列軍器金鼓導之赴教場之旗纛廟葢
俗以春之迎喜爲開兵至是爲收兵也護龍街南北觀者
如雲謂之看旗纛能祓除不祥俗於是夜五更相戒醒睡
以聽信爆云免喉痛或剁新栗置枕邊至時食之令人有
力蔡雲吳歈云隊伍森嚴號令明鏦錚金鐵挾秋聲馬騰
士飽年年樂信爆連珠報太平

案府志旗纛廟在教場演武廳旁舊在蘇州衛治内故
吴縣志云每歲霜降日本衛官致祭旗纛　康熙間移
置今所

菊花山

畦菊乍放虎阜花儂已千盎百盂擔入城市居人買爲瓶
洗供賞者或五器七器爲一臺梗中置熟鐵線偃仰能如
人意或於廣庭大廈堆疊千百盆爲玩者緔紙爲山號爲
菊花山而茶肆尤盛蔡雲吴歈云堆得菊山高復高銅瓶
瓷碗供周遭酒邊鐙下花成厄笑倒柴桑處士陶

案范成大菊譜略菊所在有之吳下尤盛春苗尺許時掇去其顛數日則歧出兩枝又掇之每掇益歧至秋則一榦所出數百千朶人力勤土膏亦沃花亦爲之屢變成大植於范村得三十六種以黃爲正雜色次之有勝金黃疊金黃太眞黃棣棠黃疊羅黃麝香黃千葉小金錢單葉小金錢垂絲菊鴛鴦菊荔枝菊毬子菊小金鈴藤菊十樣錦甘菊五月菊金盃玉盤喜容千葉御衣黃萬鈴菊芙蓉菊蓮花菊茉莉菊木香菊酴醾菊艾葉菊白麝香白荔枝銀杏菊波斯菊佛頂菊桃花菊胭脂菊

孩兒菊等名今同里貝三泉善藝菊著有藝菊説種皆來自海洋自養苗至放花備載培植之方韋漣懷爲之跋

喚黄雀

八九月閒弋人羅黄雀立鐵竿顛敎之銜旗啄鈴爲戲畜養旣馴放之能復飛回謂之喚黄雀家紹先喚黄雀詩云頑童怱日短敎誨不嫌忉呼叱憑鈴鐸舒徐飽稻粱但成傀儡戲不學鳳凰翔㝡汝多機巧銜飛入上方又蔡雲吳歈云場逢韃踢便身攙博得渾身汗透衫調雀風檐忉底

事銅鈴響處彩旗銜

案府志黃雀出海邊每歲冬初西風急則千百成羣自江外飛至長元志皆云黃雀食稻而肥又呼稻頭雀

養叫哥哥

秋深籠養蟈蟈俗呼爲叫哥哥聽鳴聲爲玩藏懷中或飼以丹砂則過冬不僵籠刳乾葫蘆爲之金鑲玉蓋彫刻精緻蟲自北來薰風乍拂已千筐百筥集於吳城矣郭麐詠蟈蟈瑣窗寒詞云絡緯啼殘涼秋已到豆棚瓜架聲聲慢訴似訴夜來寒乍挂筠籠晚風一絲水天兒女同閒話算

未應輸與金盆蟋蟀枕函清夜　窗罅見低亞簇幾葉瓜華露亭水榭胡盧樣小若箇探懷堪訝笑蟲蟲自解呼名物微不用添爾雅便蛇醫分與丹砂總露蟬同啞

案瓶花齋集云有一種似蚱蜢而身肥者京師人呼為蟈蟈兒南人謂之呌哥哥喜捕養之食絲瓜花及瓜練音聲與促織相似而清越過之露下凄聲徹夜酸楚異常俗耳為之一清韓寶筌詠呌哥哥詩云少小憐為客關山萬里過樊籠甘我素口舌讓人多北望空回首南音孰倚歌世途行不得何苦呌哥哥

鬭鵪鶉

霜降後鬭鵪鶉角勝標頭一如鬭蟋蟀之制以十枝花爲一盆負則納錢一貫二百若勝則主家什二而取每鬭一次謂之一圈鬭必昏夜至是畜養之徒綵繒作袋嚴寒則或有用皮套把於袖中以爲消遣

案爾雅疏鵪鶉爲二無斑者爲鵪有斑者爲鶉但形狀相似俱黑色今人總以鵪鶉名之　潘啟滏北京歲華記云霜降後鬭鵪鶉籠於袖中若捧珍寶　蔡鐵翁詩辛苦霜天把瘦鶡

陽山觀日出

三十夜半登陽山浴日亭看日月同升閒亦有雲海之奇蔡雲吳歈云賓日陽山浴日亭秋雲幻態瞰滄溟下方不識高寒境誰博宵來雙眼醒

案張大純采風類記云陽山頂有浴日亭每年九月三十日郡人登此觀日月同升明汪膺詩序云箭缺壁立對峙相去數武夜半日出適當其閒爲西山絶勝韋漣懷云天平山頂蓮花洞是夜亦可觀日月並出

清嘉錄

卷十目錄

吳縣　顧禄鐵卿

十月

十月朝

天平山看楓葉

收租完糧

五風信

冬釀酒

爍蟹

鹽菜

清嘉錄

卷十　　吳縣顧　祿鐵卿譔

十月

十月朝

月朔俗稱十月朝官府又祭郡厲壇游人集山塘看無祀會鬧有墓祭如寒食者人無貧富皆祭其先多燒冥衣之屬謂之燒衣節或延僧道作功德薦拔新亡至親亦往拜靈座謂之新十月朝蔡雲吳歈云花自偷開木自凋小春

時候景和韶火爐不擁燒衣節看會人喧十月朝

案崑新合志云十月朔墓祭士大夫家有然江震志皆載十月朔人家祭奠祖考持齋薦亡至親亦祭靈座或有舉掃松澆墓之儀范志亦云十月朔再謁墓廬志并云十月朔名燒衣節蓋十月朔爲陰祀之日宜祭祖考掃墓與清明同說見神隱今俗多沿之周密武林舊事亦云十月朔都人出郊拜墓用綿裘楮衣之類又吳自牧夢粱錄云士庶以十月節出郊掃松祭祀墳塋又陸啟浤北京歲華記云十月朔上冢如中元祭用豆骨朶

又劉侗帝京景物略云十月朔紙坊翦紙五色作男女衣長尺有咫曰寒衣奠焚于門曰送寒衣而吳曼雲江鄉節物詞小序則云杭俗翦紙爲衣以施鬼之無衣者曰冥衣但行于中元節耳　潘陸有十月朔山塘看無祀會詩吳趨人好鬼風俗自年年百戲陳通國羣神冠進賢氣喧秋雁後花晚嶺梅先不斷山塘路香飄游女船又徐崧詩云蕭瑟冬方始迎神出郭門逢橋行愈密倚棹看何喧鼓吹還終日旌旗又幾村誰當無祀祭能不感蘋蘩

天平山看楓葉

郡西天平山爲諸山楓林最勝處冐霜葉赤顔色鮮明夕陽在山縱目一望髣髴珊瑚灼海在三太師墳者俗呼爲九枝紅游者每僱山篙以替足力蔡雲吳歈云賞菊山塘尙勝游一年游興盡於秋天平十月看楓約只合詩人坐竹兜

案徐崧張大純百城煙水云常熟吾谷霜後丹楓望若錦繡騷人韻士往往觴詠其下而吳縣志祇載楓似白楊葉作三脊霜時色丹故有楓落吳江冷之句不言游

賞處　高平范氏墓在天平山俗稱三太師墳者葬贈太師徐國公夢齡贈太師唐國公贊時贈太師周國公墉墳前大楓九枝非花鬬妝不春爭色遠近楓林無出其右李悔廬有天平山看楓葉記中有云泛舟從木瀆下沙河可四里小溪縈紆至水盡處登岸穿田塍行茅舍雞犬遙帶村落縱目雞籠諸山楓林遠近紅葉雜松際四山皆松栝杉榆此地獨多楓樹冒霜則葉盡赤天氣微暖霜未著樹紅葉參錯顔色明麗可愛也　沈朝初憶江南詞云蘇州好船泛洞庭秋一片楓林圍翠嶂

幾家樓閣疊丹邱髣髴到瀛洲似當時洞庭東西兩山亦有楓林也

收租完糧

有田之家擇日開倉收租有頭限二限三限之目逢限量免米若干或有放舟下鄉收租者官倉完納漕糧近有先鄉後城之例蔡雲吳歈云城南城北官倉開城戶未完鄉戶來不惜餉糧半狼藉但求早放空船回又家震濤收租完糧行云扁舟之河滸小泊斜陽渡篙停犬忽吠人來鳥飛去深入蔓筠中乃得前村路為問某某家指點門前樹

一解老農牽犢歸率衆迎田主紛紛呈歲歉秋旱戽水苦幸有處暑雨新苗得少補若欲徵全租憑君訴官府二解叱汝勿多言言多也難免上年收只半今年難再減豐歉難槪論高下有分辯　天庾供應早莫教官驅遣三解東家交未足西家租又缺婦女話嘈嘈鄰父從旁說升合尙艱難斗斛安所設吁嗟輸官糧好米作六折四解

案沈朝初憶江南詞有倉廩仲冬開似是時開倉多在十一月然崑新合志亦云十月朔有田之家開倉收租始田主立限分頭限二限三限之目逢限量免米若干

以勵急公

五風信

檀火斯改飄風欲來使人預備禦寒之具謂之五風信土俗又以月旦之雨晴占一冬寒煖蔡雲吳歈云寒衣未辦費商量月旦占晴也太慌風信五番都過了棉花須定價低昂

案陳晦伯天中記吳俗以十月五日爲五風生日太湖漁者千餘家饗瀕湖諸神祠祈是月有風每五日如期而至終歲皆然可以揚帆捕魚謂之五風信又歲時瑣

事及吳縣舊志皆載是說 盧志十月且晴和則少寒

賈人候此知棉艱于售

冬釀酒

鄉田人家以草藥釀酒謂之冬釀酒有秋露白杜茅柴靠壁清竹葉清諸名十月造者名十月白以白麪造麴用泉水浸白米釀成者名三白酒其釀而未煮旋即可飲者名生泔酒蔡雲吳歈云冬釀名高十月白請看柴帚挂當檐一時佐酒論風味不愛團臍只愛尖

案崔寔四民月令十月上辛命典饋清麴釀冬酒供臘

祀　内則有稻醴黍醴粱醴左傳哀十一年進稻醴釋文云以稻米爲醴酒桂未谷札樸云糯米爲甜酒俗呼白酒卽稻醴也　長元吳志皆云以草藥釀成置壁閒月餘色清香冽謂之靠壁清亦名竹葉清又名秋露白鄉閒人謂之杜茅柴以十月釀成者尤佳謂之十月白沈朝初憶江南詞注云蘇城俱於臘底釀酒四月中窨清色味俱佳又有酒孃新搭杜茅柴之句

煠蟹

湖蟹乘潮上斷漁者捕得之擔入城市居人買以相餽貺

或宴客佐酒有九雌十雄之目謂九月團臍佳十月尖臍佳也湯煠而食故謂之煠蟹孫晉灝食蟹詩云荒蒲颯颯繞漁舍西風昨夜淸霜嚴一星遠火照秋水郭索數輩行儖儳⿰魚艮⿰魚豈博帶紛出斷厥名則異實則咸往常但侈魚肉味尖團嗜好殊酸鹹朶頤翠釜竈觚立老饕口腹眞貪饞金膏濃膩一筐足玉脂滑潤雙螯緘分擘肌理析條縷攘掔耶⿰血阝污衣衫臍防性冷戒勿噬臂如蕭艾終當芟森森坐銷戈戟氣積甲熊耳何巉巖面目奇醜固駭眎爾雅有釋宜開凾以貌取物失諸蟹豈知內蘊非同凡九雌十雄

語可譜從此樂得深杯銜豪情未減畢吏部酒泉之郡誰爲監

案府志蟹凡數種出太湖者大而色黃殼軟曰湖蟹冬月益肥美謂之十月雄沈偕詩肥入江南十月雄又云出吳江汾湖者曰紫鬚蟹莫旦蘇州賦注云特肥大有及斤一枚者陸放翁詩團臍磊落吳江蟹又云出崑山蔚洲村者曰蔚遲蟹出常熟潭塘者曰潭塘蟹殼軟爪拳縮俗呼金爪蟹至江蟹黃蟹皆出諸品下吳中以稻秋蟹食既足腹芒朝江爲樂又云蟹采捕於江浦間承

峻流緯蕭而障之名曰蟹籪籪滬也陸龜蒙漁具詩序網罟之流列竹于海澨曰滬注吳人謂之籪　博雅煠瀹也湯煠也音牐桂未谷札樸云菜入湯曰煠葉廣明納書楹曲譜載無名氏思凡一齣有油鍋裏煠之語

鹽菜

比戶鹽藏菘菜於缸甕爲御冬之旨蓄皆去其心呼爲藏菜亦曰鹽菜有經水滴而淡者名曰水菜或以所去之菜心刳菔蔞爲條兩者各寸斷鹽拌酒漬入瓶倒埋灰窖過冬不壞俗名春不老孫晉灝鹽菜詩云寒菘秀晚色油油

一畦綠殘年齩菜根嗜此亦稱酷所少園官送絶喜野人劚壓肩一擔霜百錢買十束結繩戾嚴風攤檐暴晴旭飛白撒晶鹽殺青斷蒼玉但覺兩眼饞那顧雙手瘃酸醬醡中滴醯雞甕中浴每飯飽黃虀鐺焦就廚綠誰信苜蓿盤至味等菽粟旨蓄在室中御冬亦已足又蔡雲吳歈云晶鹽透漬打霜菘瓶甕分裝足禦冬寒溜滴殘成雋味解醒留待酒闌供

案南史江泌傳菜不食心以其有生意也惟食老葉而已　長元吳志皆載藏菜卽箭稈菜經霜煮食甚美秋

種肥白而長冬日醃藏以備歲需莫旦蘇州賦注吳下比屋鹽虀爲御冬之旨蓄吳曼雲江鄉節物詞小序則云杭俗醃菜例以冬至開缸先祀而後食故居節物之一詩云吳鹽匀灑密加封甕底春回菜甲鬆碎翦冰條付殘齒貧家一樣過肥冬　禮記內則屑桂與薑以灑諸上而鹽之吳語謂以鹺醃物曰鹽桂未谷札樸謂鹽藏魚菜曰腌義異

清嘉錄

清嘉錄

吳縣　顧祿　鐵卿

卷十一目錄

十一月

冬至大如年

冬至糰

拜冬

連冬起九

乾凈冬至攞揰年

清嘉錄

冬舂米

起蕩魚

乳酪

餳糖

窨花

三朝迷路發西風

彌陀生日

臘雪

清嘉錄

吳縣顧　祿鐵卿譔

卷十一

十一月

冬至大如年

郡人最重冬至節先日親朋各以食物相饋遺提筐擔盒充斥道路俗呼冬至盤節前一夕俗呼冬至夜是夜人家更速燕飲謂之節酒女嫁而歸寧在室者至是必歸壻家家無大小必市食物以享先間有懸挂祖先遺容者諸凡

儀文加于常節故有冬至大如年之諺蔡雲吳歈云有幾八家挂喜神悤悤拜節趁清晨冬肥年瘦生分別尚襲姬家建子春

案周遵道豹隱紀談吳門風俗多重至節謂曰肥冬瘦年又云互送節物顏侍郎度有詩云至節家家講物儀迎來送去費心機腳錢盡處渾閒事原物多時卻再歸

又江震志皆云邑人最重冬至節前夕名節夜又崑新合志云冬至節親朋各相餽遺

冬至糰

比户磨粉爲糰以糖肉菜果豇豆沙蘆菔絲等爲餡爲祀先祭竈之品并以餽貽名曰冬至糰

案歲時通考載十月初二日吳俗作糯米京糰列酒果祀先以告冬今俗以冬至前一夜江震志則云冬至舂糯糕以祀先祖并以餽貽家家祭竈葢猶本崔寔四民月令冬至薦黍糕于祖禰之意蔡鐵翁詩大小團圓兩番供殷雷初聽磨聲旋注有餡而大者爲粉團冬至夜祭先品也無餡而小者爲粉圓冬至朝供神品也此後有年節餻謝竈團春朝年朝粉圓磨聲不絶矣

拜冬

至日爲冬至朝士大夫家拜賀尊長又交相出謁細民男女亦必更鮮衣以相揖謂之拜冬徐士鋐吳中竹枝詞云相傳冬至大如年賀節紛紛衣帽鮮畢竟勾吳風俗美家家幼小拜尊前

案宋書禮志魏晉冬至日受萬國百僚稱賀因小會其義亞于歲旦蔡邕獨斷云冬至陽氣起君道長故賀然則前漢已行賀禮齊書庫狄伏連冬至之日親表稱賀崔寔四民月令云冬至之日進酒肴賀謁君師耆老一

如正日葢至宋元益盛如孟元老東京夢華錄及趙與
旹賓退錄吳自牧夢粱錄周密武林舊事趙與可孤樹
裒譚諸書皆載一陽賀冬吳中亦沿之徐崧張大純百
城煙水及江震志亦皆云冬至騶賀一如元日之儀長
元吳志則皆載冬至尊長處賀節崑新合志冬至日士
大夫家拜賀尊長如正旦而不及於庶民之家

連冬起九

俗從冬至日數起至九九八十一而寒盡名曰連冬起九
亦曰九裏天歌云一九二九相喚弗出手三九廿七籬頭

吹觱栗四九三十六夜眠如露宿五九四十五窮漢街頭舞不要舞不要舞還有春寒四十五六九五十四蒼蠅垜屋栨七九六十三布衲兩肩攤八九七十二貓狗躺滈地九九八十一窮漢受罪畢剛要伸脚眠蚊蟲獦蚤出又謂頭九暖主寒諺云頭九暖九九寒又謂四九時必多雨雪諺云雨雪連綿四九天又云冬至前宜寒諺云冬前弗結冰冬後凍殺人時則朔風布寒晚景蕭疏名勝旗亭青望都收居人有讌會則皆入戲館爲待客之便裁雲鏤月人家莫不暖閣新裝繡帷低拂淺斟低唱團坐圍鑪貂裘之

客不惜傾囊買笑至若花飛六出則塿雪佛雪獅堆雪山蓄雪水間有放舟勝地觀看雪景家宴又各烹羊炮雉遞爲消寒之會喜捨之人以錢米周濟里閈之困苦無告者或集貲爲棉衣會俗稱施棉襖或倩工購乾稻秧織爲半臂式俗名秧薦馬夾裸裎貧丐賴以禦寒屆歲除而止總目之爲做好事蔡云吳歈云露宿何曾熟夜眠太陽照戶一欣然若教窮漢街頭舞還有春寒卅五天又云連冬起九驗天寒只怕寒消九九難第一莫貪頭九暖連綿雨雪到冬殘

案陸泳吳下田家志冬至後九九歌云一九至二九相呌弗出手三九二十七籬頭吹觱篥四九三十六夜眠如鷺宿五九四十五太陽開門戶六九五十四貧兒爭意氣七九六十三布衲兩肩攤八九七十二貓兒尋陰地九九八十一犁耙一齊出一日脫膊十日齷齪仙里塵談及褚人穫堅瓠集皆載冬至後九九之說與今歌略異荆楚歲時記謂從冬至次日數起至九九八十一日爲寒盡吳俗則從冬至日數起故有春打六九頭之諺然周遵道豹隱紀談載范石湖語謂從冬至後九日

爲寒來之候有冬至未來莫道寒之諺其說更自不同

乾淨冬至邋遢年

俗以冬至前後逢雨雪主年夜晴若冬至晴則主年夜雨雪道塗泥濘諺云乾淨冬至邋遢年

案蔡鐵翁詩慌將乾濕料殘年注俗有乾冬濕年濕冬乾年之說　廣韻邋遢和雜也家雪亭土風錄云俗以不潔淨爲邋遢上音臘下慚入聲

冬舂米

入臘計一歲之糧舂白以蓄諸倉名曰冬舂米有四糙發

極黃諸名郭麐冬舂米樂府云東家稻堆高並屋西家礱場如切玉長腰潔白荔枝紅明年之米今年舂前年僅足供官庾夜夜空囷齧飢鼠去年米貴官徵錢半糶新穀過殘年雄雞膠膠雌粥粥有米冬舂一生足

案范石湖冬舂米樂府云臘中儲蓄百事利第一先舂年米計羣呼步碓滿門庭連杵成風雷動地篩勻箕健無粞糠百斛只費三日忙齊頭圓潔箭子長隔籬輝日雪生光土倉瓦龕分蓋藏不蠹不腐嘗新香去年薄收飯不足今年頓頓炊白玉春耕有種夏有糧接到明年

秋刈熟鄰叟來觀還歎嗟貧人一飽不可賒官租私債紛如麻有米冬舂能幾家陸容菽園雜記吳中民家計一歲食米若干石冬月舂白以蓄之名冬舂米聞之老農云春氣動則米芽浮起米粒亦不堅是時舂者多碎而為糲折耗頗多冬月米堅折耗少故及冬舂之崑新合志云入臘聚鄉村男婦併力舂米藏之廩舍經歲不蛀壞謂之冬舂米江震志亦皆云入臘併力舂一歲之糧謂以此時風氣藏發米堅不碎故也又云宋元間藏之土瓦甕中明乃多用囊囤並經久不蛀壞今土瓦甕

之制久廢藁囤亦惟米少者用之若多藏之家則貯之于倉長元志亦皆云舊藏諸藁囤今用倉厫其米之杵多而好者曰四糙次米冬春閒有七日卽黃者此爲發極

起蕩魚

畜魚以爲販鬻者名池爲蕩謂之家蕩有所謂野蕩者蕩面必種菱芡爲魚所喜而聚也有蕩之家募人看守抽分其利俗稱包蕩每歲寒冬畢集矢魚之具蕩主視其具衡值之低昂而矢魚之多寡若有命而主之者魚價較常頓

殺俗謂之起蕩魚

案府志云魚秧細如針縷池囿閒以時下此三年可食矣東鄉人畜以販鬻　今長洲境北莊基南莊基魚蕩尤多

乳酪

寒冬鄉農畜乳牛取乳汁入瓶日擔於城鬻于主顧之家呼爲乳酪

案府志及吳縣志皆載牛乳出光福諸山田家畜乳牛冬日取其乳如菽乳法點之名曰乳餅別點其精者爲

酥或作泡螺酥膏酥花莫旦蘇州賦注吳縣顧搭村出乳餅最佳錢思元吳門補乘云北街安雅堂䣸酪爲郡城第一

錫糖

土人以麥芽熬米爲糖名曰錫糖寒宵擔賣鑼聲鏗然凄絶街巷蔡雲吳歈云昏昏迷露已三朝準備西風入夜驕深巷賣錫寒意到敲鉦渾不似吹簫

案楚詞注錫謂之飴即古之餦餭也吳人呼爲糖蓋冬時風燥糖脆利人牙齒府志出常熟直塘市者名葱管

糖出崑山如三角糉者名麻糉餹蔡鐵翁吳歈注云寒宵多賣餳者夜作人資以療饑嘉善錢竹西詩餳挑夜擔聞鑼賣

窖花

冬末春初虎邱花肆能發非時之品如牡丹碧桃玉蘭梅花水仙之類供居人新年陳設謂之窖花蔡雲吳歈云牡丹濃豔碧桃鮮畢竟唐花尙值錢野老折梅柴樣賤數枝也彀買春聯

案周密癸辛雜志載唐花之法以紙飾密室鑿地作坎

緶竹置花其上糞土以牛溲硫黃盡培溉之功然後置沸湯於坎中候湯氣薰蒸則扇之微風經宿則花放矣陸啟浤北京歲華記云臘月束梅于盎匿地下五尺許更深三尺用馬通燃火使地微溫梅漸放白用紙籠之鬻於市小桃郁李迎春皆然張萱疑耀云京師地窖養花其法傳自漢世大官園冬種葱韭菜茹覆以屋廡晝夜爟熅火得溫氣諸菜皆生召信臣為少府謂此皆不時之物有傷于人不宜以奉供養奏罷之但此法以養菜蔬未嘗養花木也且在漢止言覆以屋廡今皆掘塹

坑以窖之蓋入冬土中氣暖其所養花木借土氣火氣相半也錢塘吳曼雲有是題詩云天將巧伎付花師幻出奇芳日幾枝似此火攻眞易易卻嫌風信故遲遲挽回造化司春事點綴冰霜帀地時安得小長蘆太史試鐙佳節共裁詩

三朝迷路發西風

土俗以寒冬連朝久霧不開主西風大作諺云三朝迷路發西風

案陶穀清異錄謂霧曰迷空步障表異錄作迷天步障

吾鄉謂霧曰迷路謂霧重迷不得路逕也

彌陀生日

十七日相傳爲彌陀佛降生東土農人候風占米價若吹東南風主米貴西北風主米賤諺云風吹彌陀面有米弗肯賤風吹彌陀背無米弗肯貴

案長元吳志皆云十一月十七日爲彌陀生日農人候風以占米價之貴賤并載是諺

臘雪

臘月雪謂之臘雪亦曰瑞雪殺蝗蟲子主來歲豐稔諺云

臘天一寸雪蝗蟲入地深一尺又以臘中得雪三次宜麥諺云若要麥見三白又云臘雪是箇被春雪是箇鬼

案九縣志皆云十二月喜雪殺蝗蟲子主來年豐長元志皆載諺云一寸雪入泥一尺一尺雪入泥一丈又蘇東坡詩遺蝗入地應千尺　吳縣志又云冬至後第三戌爲臘臘前三番雪名曰三白張鷟朝野僉載云一臘見三白田公笑嚇嚇

清嘉錄

吳縣　顧祿　鐵卿

卷十二目錄

十二月

清嘉錄　卷十二

送歷本
叫火燭
打埃塵
過年
盤龍饅頭
念四夜送竈
鐙挂挂錠
冬青柏枝
口數粥

聽響卜

扳花

節帳

小年夜大年夜

清嘉錄

卷十二　　吳縣顧　祿鐵卿譔

十二月

跳竈王（跳俗呼如條音　王呼作巷平聲）

月朔乞兒三五人爲一隊扮竈公竈婆各執竹枝噪於門庭以乞錢至二十四日止謂之跳竈王周宗泰姑蘇竹枝詞云又是殘冬急景催街頭財馬店齊開竈神人媚將人媚畢竟錢從囊底來

案李廓鏡聽詞匣中取鏡辭竈王是稱竈神爲竈王唐時已然又李綽秦中歲時記歲除日進儺皆作鬼神狀内二老兒爲儺公儺母家雪亭土風錄謂即今之竈公竈婆蔡鐵翁詩索錢翁媪總成雙後漢季冬大儺謂之逐疫梁書云儺謂之野雲南史曹景宗傳嘗於臘月使人在宅中作邪呼逐除爲野雲戲趙彥衞雲麓漫鈔亦云歲將除都人相率爲儺俚語呼爲野雲戲褚人穫堅瓠集云今吳中以臘月一日行儺至二十四日止丙者爲之謂之跳竈王崑新合志又謂之保平安戸各捨米

升合不等蓋舊俗於二十四日是日必祀竈有若娱竈神然後以一日不能徧改而先期今遂以月朔始矣如長元志載十二月初一日觀儺於市二十四日止吳縣志十二月朔給孤園中人扮竈王二十四日止而范志謂臘月二十五夜觀儺今非惟江震志並載二十四日丐者塗抹變形裝成男女鬼判噭跳驅儺索之利物俗呼跳竈王周密武林舊事亦云二十四日市井迎儺又吳曼雲江鄉節物詞小序云杭俗跳竈王丐者至臘月下旬塗粉墨于面跳踉街市以索錢米詩云借名司命

作鄉儺不醉其如屢舞傞粉墨當場供笑罵只誇囊底得錢多

跳鍾馗

丐者衣壞甲冑裝鍾馗沿門跳舞以逐鬼亦月朔始屆除夕而止謂之跳鍾馗周宗泰姑蘇竹枝詞云殘鬚破帽舊衣裳萬兩黄金進士香寶劍新磨堪逐鬼居然護國有忠良

案吴自牧夢粱録云入臘街市卽有丐者三五人爲一隊裝神鬼判官鍾馗小妹等形敲鑼擊鼓沿門乞錢呼

爲打夜胡在宋時已始於月朔又吳縣志十二月朔亦有扮鍾馗者至二十四日止今俗則否崑新合志亦云除夕乃止家雪亭土風録云裝鍾馗判官卽方相氏蒙熊皮黄金四目執戈揚盾以索室毆疫之遺意

臘八粥

八日爲臘八居民以菜果入米煮粥謂之臘八粥或有餽自僧尼者名曰佛粥李福臘八粥詩云臘月八日粥傳自梵王國七寶美調和五味香糝入用以供伊蒲藉之作功德僧尼多好事踵事增華飾此風未汰除歉歲尙沿襲今

晨或饋遺啜之不能食吾家住城南饑民兩寺集時開元瑞光兩寺官設粥廠救濟貧民男女叫號喧老少街衢塞失足命須臾當風膚迸裂怯者蒙面走一路吞聲泣問爾泣何為答言我無得此景親見之令我心悽惻荒政十有二蠲賑最下策慳囊未易破胥吏弊何極所以經費艱安能按戶給吾佛好施舍君子貴周急願言借粟多蒼生免菜色此志虛莫償嗟歎復何益安得布地金憑仗大慈力瞻焉對是粥跂望蒸民粒

案荊楚歲時記十二月初八日為臘日魏臺訪議漢以

戊臘魏以丑臘是臘非定以初八日也又西域諸國志云天竺國以十二月十六日爲臘而唐書歷志以十二月爲臘月故八日爲臘八吳自牧夢粱錄云十二月八日寺院謂之臘八大刹等寺俱設五味粥名曰臘八粥又孟元老東京夢華錄十二月初八日諸僧寺送七寶五味粥於門徒鬬飲謂之臘八粥一名佛粥陸放翁詩今朝佛粥更相餽反覺江村節物新周密武林舊事云寺院及人家皆有臘八粥用胡桃松子乳蕈柿栗之類爲之又孫國敉燕都游覽志云十二月八日民閒作臘

八粥以米果雜成多者爲勝又吳曼雲江鄉節物詞小序云杭俗臘八粥一名七寶粥本僧家齋供今則居室者亦爲之矣詩云雙弓學得僧厨法瓦鉢分盛和蔗胎莫笑今年榛栗少記曾畫粥斷虀來而九縣志亦皆云十二月八日以菓果入米煮粥名曰臘八粥

年餻

黍粉和糖爲餻曰年餻有黃白之别大徑尺而形方俗稱方頭餻爲元寶式者曰餻元寶黃白磊砢俱以備年夜祀神歲朝供先及饋貽親朋之需其賞賚僕婢者則形狹而

長俗稱條頭餻稍闊者曰條半餻富家或僱餻工至家磨粉自蒸若就簡之家皆買諸市春前一二十日餻肆門市如雲蔡雲吳歈云臘中步碓太喧嘈小戶米囤大戶厫施罷僧家七寶粥又聞年節要題餻又李福年餻詩云珍重題餻字風光又一年爲儲春糗餌預聽磨盤旋篩細堆檐雪蒸浮臭竈烟吉祥同餕熟摩按勝粢堅甘許糖調蔗香應稻識蓮尺量圭待琢寸斷線頻牽外倩瓜仁剁中容棗實塡狹看持石笏方擬運花磚品佐酬神饌盤添壓歲錢餽遺親誼厚賚賞大家便回首重陽酒芽腰二月天人情

還可笑黄白肖形偏

案周官籩人職曰羞籩之實糗餌粉餈注方言餌謂之餻或謂之餈餻搗黍爲之楚詞有粔籹註曰環餅吳人謂餻曰膏環亦謂之寒具方言謂之餦餭循吉除夜雜詠云鄰里餽餻通吳穀人有餻元寶詩云世人皆愛寶名字及餻餈口腹奢如此金銀餌豈知老饞爭炙熱一飽已傾貲轉笑堆成屋何曾會療飢

冷肉 祭山豬

鄉人豢豬于欄臘月宰之賣于居人充年饌之需謂之冷

肉或鄉人自備以祭山神者祭畢復賣於人俗名祭山豬

案陸放翁詩釜粥芬香餉鄰父闌豬豐腯祭家神自注蜀人豢豬於闌臘中供祭謂之歲豬　吳穀人新年雜詠小序云杭俗歲終祀神尚豬首至年外猶足充饌定買豬頭在冬至前選皺紋如壽字者謂之壽字豬頭屠人肩送至門曰送元寶來於是醃透風乾以備敬神之用吾鄉祀神偶或用豬頭則多以鮮者

送歷本

各圖地保以新歷逐戶分送人家必酬以錢文如市價而

倍之號爲送歷本

案周密武林舊事都下自十月以來朝天門內外競售錦裝新歷吾鄉新歷在閶胥一帶書坊懸賣有官板私板之别官板例由理問廳署刊行所謂私板民閒依樣梓印印成仍由理問廳署鈐印然後出售　聞諸父老云里正送新歷始行於鄉村後沿於城中張漁川有詠時憲書慶清朝詞云珠殿頒初書棚懸後行行墨翠朱殷須省數時探節趨避多端縱不識丁也買開編春早又冬闌隨年換糊窗帖繡故紙抛殘閙兒女多拘泥爲

上頭穿耳撰日偷看那得此身重見花甲循環卻笑蟲魚草木厠名月令管暄寒聞郎返檢逢歸忌又蹙眉山

叫火燭

殘年永夕有擊柝沿街高唱警防火燭小心者名曰叫火燭

案蔡鐵翁詩云黃昏火燭何人叫乞丐沿門打竹梆今俗卽巡更者爲之

打埃塵

臘將殘擇憲書宜埽舍宇日去庭戸塵穢或有在二十三

日二十四日及二十七日者俗呼打埃塵蔡雲吳歈云茅舍春回事事歡屋塵收拾號除殘太平甲子非容易新歷頒來子細看

案歲時瑣事十二月二十四日埽舍宇凡有所爲不擇憲書多嫁娶謂之亂絲日月令精鈔二十四日爲無忌日九邑志皆於二十四日祓房塵猶本亂絲無忌之說徐崧張大純百城烟水則云二十七日埽屋塵曰除殘楊循吉除夜雜詠云除塵舊室攻又吳自牧夢粱錄云士庶家不論貧富俱灑埽門閭去塵穢淨庭戶亦在除

夕

過年

擇日懸神軸供佛馬具牲醴餻果之屬以祭百神神前開爐熾炭俗呼圓爐炭鑼鼓敲動街巷相聞送神之時多放爆仗有單響雙響一本萬利等名或有買編成百千小爆焠之連聲不絕者名曰報旺鞭謂之過年云荅一歲之安亦名謝年蔡雲呉歈云三牲三果賽神虔不說賽神說過年一樣過年分早晚聲聲聽取霸王鞭又云飮福叨嘗酒滿壺通紅火炭就圓鑪年頭年尾空還願到底錢神有也

無

案許慎說文冬至後三戌爲臘臘祭百神漢應劭風俗通云臘者接也新故交接故大祭以報功也　吳自牧夢粱錄云除夜迎神則備香花供物以祈新歲之安范志除夕祭瘟神又江震志除夕祀衆神云門井圊厠豚栅雞塒皆有祭　長元志皆云爆仗聲多者名霸王鞭杭州府志亦作霸王鞭又吳穀人新年雜詠小序云爆仗有單響雙響徧地錦霸王鞭一本萬利春雷百子名目不同音響斯別或云霸王鞭應作報旺鞭報來歲興

旺之意朱鹿田五夜鐙詞云報旺鞭走火長輪

盤龍饅頭

市中賣巨饅爲過年祀神之品以麪粉摶爲龍形蜿蜒於上復加瓶勝方戢明珠寶錠之狀皆取美名以讖吉利俗呼盤龍饅頭

案華亭縣志載施相公諱鍔宋時諸生山閒拾一小卵後得一蛇漸長遷入筩一日施赴省試蛇私出乘涼衆見金甲神在施廩驚呼有怪持鋒刃來攻無以敵聞於大僚命總兵殛之亦不敵施出闈知之曰此吾蛇也毋

恚叱之奄然縮小俯而入筩大僚驚曰如是則何不可爲奏聞施立斬蛇怒爲施索命傷人數十莫能治不得已請封施爲護國鎮海侯侯嗜饅首造巨饅祀之蛇蜿蜒其上以死至今祀者盤蛇象于饅首稱侯曰相公云云吾鄉謝神筵中必祀施相公饅首特爲施而設蜿蜒於上者乃蛇也而皆作龍形亦日久沿譌耳

念四夜送竈

俗呼臘月二十四夜爲念四夜是夜送竈謂之送竈界比戸以膠牙餳祀之俗稱糖元寶又以米粉裹豆沙餡爲餌

名曰謝竈糰祭時婦女不得預先期僧尼分貽檀越竈經
至是塡寫姓氏焚化禳災篝鐙載竈馬穿竹筯作損爲竈
神之簥舁神上天焚送門外火光如晝撥灰中篝盤未燼
者還納竈中謂之接元寶稻草寸斷和青豆爲神秣馬具
撤屋頂俗呼馬料豆以其餘食之眼亮蔡雲吳歈云媚竈
家家治酒筵婦司祭厠莫教前剉柴撤豆餧神馬小小籃
輿飛上天又郭麐送竈詞云白米出磨如玉塵餦餭作餅
甘入脣青竹鐙檠縛輿轎紅牋翦碎糊車輪願侯上天莫
逡巡祝侯之來福我民勃谿詬誶侯不聞男呻女吟侯不

嗔常時突煙有斷絕有時腷膊燒濕薪侯居我家亦云久亮如鮑叔知我貧上天高高帝所遠蟣蝨小臣縱䟽孏平生所事不欺人何況我侯皆在眼今朝再拜前致詞富且不求餘可緩有酒在缾盛在盆故事聊以糟塗門安知司命不一醉我已獨酌餘空樽千家送神爆竹齊小兒索飯門東啼又楊秉桂詩云殘蠟匆匆一年又門丞貼舊鬚眉皺祀竈人家好語多燭影草堂紅善富記得年時小除夕江震風俗以二十四日爲小除夕堆盤寒具香粳白相傳是夕侯昇天拜跪都求侯感格今年小民覺善禱東鄰更比西鄰早謂言

春在廿四前準諸臘祭當叅先我聞此說頗心契晨炊猶遵漢時祭饒吹江鄉黷祀多得一古風足勉厲一室團欒阿榮拜阿熙爆竹驚如惟索果哇哇戲阿勲癡獃欲共而翁賣司命一醉底復醒元亭有客愁餅罄

案韻鶴軒筆談謂昔吳主女諱二十故至今吳人猶以二十爲念　馮應京月令廣義燕俗鐫竈神於木以紙印之曰竈馬吳俗呼爲竈界以紅紙銷金爲之一年一換又云以臘月二十四日焚之爲送竈上天合家少長羅拜祝曰辛甘臭辣竈君莫言周處風土記臘月二十

四日夜祀竈謂竈神翌日上天白一歲事故先一日祀之韓桂舲臘月二十四日萬安舟中作云十八灘頭一葉身人言司命醉今辰捫心一一從頭數無過無功可告神孟元老東京夢華錄云年夜貼竈馬於竈上以酒糟塗抹竈門謂之醉司命今俗不以糟以餳周密武林舊事已載二十四日祀竈用花餳米餌又吳自牧夢粱錄二十四日不以貧富皆備蔬食餳豆祀竈此日市閒及街坊叫賣膠牙餳范成大吳郡志亦云二十四日祀竈用膠牙餳謂膠其口使不得言而荆楚歲時記則云

元旦進膠牙餳使其牢固不動吳縣志二十四日祀竈名送竈用糯米粉團糖餅云竈神以是日上天言人過失用此二物粘其口沈朝初憶江南詞云蘇州好臘盡火盆紅玉屑餳糖成錠脆紫花香豆著皮鬆媚竈最精工注臘月念四日送竈錠糖炒豆奉之極誠又朱竹垞醉司命詞鍊香以燒翦紙而焚餳餻粉荔雜遝上陳又吳曼雲江鄉節物詞小序云杭俗廿四夜祀竈以糖分染五色皆用素品詩云春餳著色爛如霞淸供還斟玉乳茶不用黃羊重媚竈知君一樣已膠牙

鐙挂挂錠

廚下鐙檠鄉人削竹成之俗名鐙挂買必以雙相傳鐙盤底之凹者爲雌凸者爲雄居人旣買新者則以舊鐙糊紅紙供送竈之用謂之善富挂錠錫紙糊成閒以綵牌方段玲瓏一串先期買之除夕接竈懸於竈神龕之兩角爲來年獲利之兆俗有一事無成先買挂錠之諺周宗泰姑蘇竹枝詞云殘年生計鬧喧嘈挂錠金銀貫竹梢一事無成求利市腰纏十萬意囂囂

案楊辛父送竈詞注江震風俗以朱漆竹鐙檠爲竈神

輿名之曰善富吳穀人新年雜詠小序云杭俗名竹鐙盞曰善富因避鐙盞字音錫名燃釜後又爲吉號易燃釜爲善富臘月送竈則取舊鐙載印馬穿竹筯送之吳曼雲江鄉節物詞詠善富篇云插箸燒鐙談未殘不須龍蹻躡仙壇天街一路咿啞過列宿還應帶笑看

冬青柏枝枝俗讀作茭

摘松柏之枝副以石楠冬青鄉人殘年扎成小把沿門吽賣供居人插年飯中用或藉地送神馬之需呼爲冬青柏枝又名送竈柴或餽自管墳人者必酬以數十錢俗目之

爲打秋風

案揚循吉除夜雜詠詩云承俗燎柴紅蓋不定用於送竈耳趙士麟浙江通志新歲紮柏枝成鳳形加橘荔諸果懸挂堂中又吳穀人新年雜詠小序云杭俗柏葉帶子縛竹簽上綴以千日紅金鐙花管壙人年前成對分送新歲置家堂中與吾鄉不同　打秋風米元章帖作打抽豐言於豐處抽分之也

口數粥

二十五日以赤豆雜米作粥大小徧餐有出外者亦覆貯

待之雖襁褓小兒貓犬之屬亦預名曰口數粥以辟瘟氣或雜豆渣食之能免罪過

案荆楚歲時記云共工氏有不才子以冬至日死爲疫鬼畏赤小豆故冬至作粥以禳之雜陰陽書又以正月七日男吞赤豆七粒女吞十四粒令疫病不相染然皆非十二月二十五日惟吳自牧夢粱録云二十五日士庶家煮赤豆粥祀食神名曰人口粥有貓狗者亦預焉又周密武林舊事則以二十四日作糖豆粥謂之口數江震志云二十五日食口數粥今閤有行之又云或有

以餅代者至新正三日乃食及獻異居異姓尊長示一家之意石湖口數粥詞云家家臘月二十五淅米如珠和豆煮大杓轑鐺分口數疫鬼聞香走無處鋟薑屑桂澆蔗糖滑甘無比勝黃粱全家團欒罷晚飯在遠行人亦留分襁中孩子强教嘗餘波徧霑獲與臧新元協氣調玉燭天行已過來萬福物無疵癘年穀熟長向臘中分豆粥陳藻平江臘月二十五夜詩云今宵洗豆俗爲糜韓桂舲萬安舟中臘月二十四日作云不知豆粥家庖下留得行人口分無江震志又皆載辟瘟之俗云二

十四夜人家早寢謂疫鬼行瘟故安静以避之

接玉皇

是日又相傳爲玉皇下降之辰察人善惡各設香案迎之謂之接玉皇

案景霄琅書十二月二十五日玉皇三清巡視諸天定來年禍福又道經是日爲三清玉帝司會之日崑新合志二十五日俗謂諸佛下降常昭合志二十五日家戶多持清齋云爲玉皇下降日江震志是日夙興持齋誦經燒燭拈香相傳天帝降世察人善惡故以此日迎之

謂之接玉皇

燒松盆

是夜鄉農人家各於門首架松柴成井字形齊屋舉火焚之煙焰燭天爛如霞布謂之燒松盆

案王志云二十五夜各燃火爐於門外焰高者喜古謂之粈盆俗云相暖熱長元志云古謂之粈盆今謂之松盆石湖郙田樂府序謂之燒火盆詞云春前五日初更後排門燃火如晴晝大家薪乾勝豆䕸小家帶葉燒生柴青煙滿城天半白栖烏驚啼飛格磔兒孫圍坐犬雞

忙鄰曲歡笑遥相望黃宮氣應纔兩月歲陰猶驕風栗烈將迎陽豔作好春政要火盆生暖熱又郭頻伽淮陰歲除詠火盆云多謝松明力幾忘客子寒

照田財

村農以長竿燃鐙插田間云祈有秋焰高者稔謂之照田財

案吳江縣志云鄉村之人就田中立長竿用藁篠夾爆竹縛其上四旁金鼓聲不絶起自初更至夜半乃舉火焚之名曰燒田財黎里庵村爲盛蓋類昔照田蠶之俗

云但在正月二十夜而常昭合志則云臘月二十四日夜方鵬崑山志則云歲朝或次日束薪于長竿爲高炬視火色赤白以古水旱爭取餘燼置牀頭謂宜蠶名照田蠶長元志亦皆載田家燒長炬名照田蠶石湖村田樂府序則於十二月二十五夜照田蠶詞云鄉村臘月二十五長竿燃炬照南畝近似雲開森列星遠如風起飄流螢今歲雨雹繭絲少秋日雷鳴稻堆小儂家今夜火最明的知新歲田蠶好夜闌風餕復西東此古最吉餘難同不惟桑賤穀芃芃苧麻無節菜無蟲

送年盤

歲晚親朋互以豚蹄青魚果品之屬相饋問謂之送年盤林琛送年盤詩云歲行養羣動豈藉塵物佐吳趨盛文彥爲禮翻以貨土宜隨處有貧小而富大蹄豚路常攜啟榼青魚臥亦知事浮文不若酒傾座阿儂愧獨貧瑟縮依馬磨蝸廬來往少頓忘佳節過淸儉感神明添鑪燒百和

案周處風土記蜀之風俗晚歲相與饋問謂之饋歲周密武林舊事云入臘以來餽歲盤合酒擔羊腔充斥道路家雪亭土風錄云饋歲卽吳俗送年盤也

清嘉錄

二百八

年物

家戶爲宿歲之儲新年以餉戚友謂之年物以元旦至五日不設市也

案周處風土記歲暮家家具殽蔌爲宿歲之儲以迎新年相聚酣飲

年市

年夜已來市肆販置南北雜貨備居民歲晚人事之需俗稱六十日頭店熟食鋪豚蹄雞鴨較常貨買有加紙馬香燭鋪預印路頭財馬紙糊元寶緞疋多澆巨蠟束名香街

坊吟賣簫鐙鐙草挂錠竈牌竈簾及箪瓢箕帚竹筐磁器缶器鮮魚果蔬諸品不絶鍜磨磨刀殺雞諸色工人亦應時而出喧於城市酒肆藥鋪各以酒糟蒼朮辟瘟丹之屬餽遺于主顧家總謂之年市蔡雲吳歈云送竈柴枝束束齊照厨竹挂雙雙提燀湯礪刃獨何業慘聽連聲叫殺雞

案馮贄雲仙雜記僧園逸記皆載都下寺院每用歲除鍜磨是日作鍜磨齋　吳自牧夢粱錄歲旦在邇席鋪饋與主顧更以蒼朮小棗辟瘟丹相遺

年夜飯

除夜家庭舉宴長幼咸集多作吉利語名曰年夜飯俗呼合家歡周宗泰姑蘇竹枝詞云妻帑一室話團圞魚肉瓜茄雜果盌下筯頻教聽讖語家家裏合家歡

案褚人穫堅瓠集云除夕家庭舉宴長幼咸集謂之合家歡沈朝初憶江南詞云除夕合家歡府志除夜長幼聚飲祝頌而散謂之分歲考宋時分歲猶以脆餳爲節物石湖詞云就中脆餳專節物四坐齒頰鏘冰霜今久不傳

安樂菜

分歲筵中有名安樂菜者以風乾茄蔕雜果蔬爲之下筯必先此品蔡雲吳歈云分歲筵開大小除强將茄蔕入盤蔬人生莫漫圖安樂利市偏爭下筯初

案陳藏器本草茄一名落蘇蓋吳人落樂同音因以爲讖耳　菜中有以紅蘿蔔切成小方塊者產自杭城繭橋見吳穀人新年雜詠小序幷云鏤絲曝乾可供素饌有紅蘿蔔絲詩

煖鍋

年夜祀先分歲筵中皆用冰盆或八或十二或十六中央

則置以銅錫之鍋雜投食物於中鑪而烹之謂之煖鍋譚大中煖鍋詩云范金爲器利羣生物理居然寓聖情持滿能平流不溢虛中有竅火微明噓寒變燠鹽梅濟取坎交離鼎鼐成黍谷暄回人盡飽萬方應與頌和羹又云紅鉛九轉器初成十萬錢輸選饌精炊蠟廚邊湯乍沸肉屏風畔婢初擎添來鑪火寒威解味入丹田暖氣生尚有寄居蕭寺客虀鹽風味耐孤清

案墅談煖飲食之具謂之僕憎雜投食物於一小釜中鑪而烹之亦名邊鑪亦名煖鍋團坐共食不復置几案

甚便於冬日小集而甚不便於僕者之竊食宜僕者之憎也王穀原煖鍋詩云牆淡羹帀沸膽直焰中趨

壓歲盤　壓歲錢　壓歲果子

長幼度歲互以餻果朱提相賫獻謂之壓歲盤長者貽小兒以朱繩綴百錢謂之壓歲錢置橘荔諸果於枕畔謂之壓歲果子元旦睡覺時食之取讖於吉利爲新年休徵

案陳迦陵歲寒詞小序云且充壓歲之錢又王荳檐詩不惜金錢分壓歲又張軼青壓歲錢詩有用鎮將除夜及回環朱縷結之句又郭頻伽淮陰歲除詠壓歲錢詩

云紅索青銅貫又吳曼雲江鄉節物詞小序云杭俗兒
童度歲長者與以錢貫用紅置之臥所曰壓歲錢詩云
百十錢穿綵綫長分來角枕自收藏商量爆竹餳簫價
添得嬌兒一夜忙可見此風非吳獨有蔡鐵翁詩錚錚
排戶投瓊響半擲牀頭壓歲錢　吳曼雲江鄉節物詞
又有詠吉利詩云閩荔乾紅鄧橘黃深宵酒醒試偷嘗
聽郎枕畔朦朧語新歲還君大吉祥其小序云杭人除
夜以朱橘荔枝置枕旁歲朝取食之呼曰吉利音相近
也又汪乾若詠橘荔諸詩自序云吳與風俗除夕置果

枕畔爲新年休徵其詠橋云只恐剖開驚象戲夜深無處著棊枰

辭年

卑幼行禮於尊長以別歲俗稱辭年

案東坡詩序云蜀中風俗歲晚酒食相邀呼曰別歲陸啟浤北京歲華記云先除夕一日人家置酒宴往來交謁曰別歲陳迦陵歲寒詞小序云姑貯辭年之酒家雪亭土風錄云今人但拜辭而已錢思元吳門補乘亦載除夕辭年之俗

守歲

家人圍鑪團坐小兒嬉戲通夕不眠謂之守歲席振起守歲詩云相邀守歲阿咸家蠟炬傳紅映碧紗三十六旬都浪過偏從此夜惜年華

案周處風土記蜀之風俗至除夕達旦不眠謂之守歲宋袁文甕牖閒評謂守歲之事雖近兒戲然父子團圞把酒笑歌相與竟夕不眠正人家所樂爲也且古人無不守歲者如少陵杜位宅守歲詩云守歲阿戎家蘇東坡詩欲喚阿咸來守歲林烏櫪馬鬬喧譁皆是也又周

窬武林舊事除夕小兒女終夕博戲不寐謂之守歲又
吴自牧夢粱錄除夕圍鑪團坐酌酒唱歌終夕不眠謂
之守歲江震志除夕小兒女終夜不就寢曰守歲能延
年崑新合志除夕家人圍鑪歡坐至子夜曰守歲長元
志除夕飲守歲酒范志并云郡俗有守歲盤

守歲燭

燃雙椽燭於寢室中宵分燼長生花報喜紅燊四照直接
晨光謂之守歲燭

案孟襄陽詩續明催畫燭守歲接長筵家雪亭土風錄

謂卽今之守歲燭張蘊斗野藁除夕詩云燭花頻送喜兒女笑閧堂又王次回疑雨集殘歲卽事詩云紗籠椽燭燄如幢火齊呈花喜一雙爲惜輕風吹燼落曉妝成後未開窗又吳曼雲江鄉節物詞小序云燭之大者可通夕杭俗除夕燃之爲守歲計吳穀人詠守歲燭詩云燭房人乍醒蠟炬未全銷閱歲心三寸流光影一條誰參無盡意此是可憐宵掩映迎神處春紅隔幙搖又郭頻伽淮陰歲除詠守歲燭詩云雙枝爭燦爛又李仙翁除夕詩云燭花猶照徹宵紅

老虎柏子花

年夜像生花鋪以柏葉點銅綠並蒻綵絨爲虎形紮成小朶名曰老虎花有旁綴小虎者曰子孫老虎或蒻人物爲壽星和合招財進寶麒麟送子之類多取吉讖號爲柏子花閨閣中買以相饋貽并爲新年小兒女助妝

案段成式酉陽雜俎北朝婦人正月進箕帚長生花吳穀人新年雜詠小序云杭俗有柏子花長春花元寶花皆花婆所貨爲閨閣新歲助妝謂卽綵花春勝之遺董斯張除夕詞云柏子紮花新小姑專學人錢唐姚春漪

柏子花詩蔥蒨花如葉堆鬟綠半含功夫同點翠名字愛宜男蘭夢夜來得玉顏春太憨偷將歡鏡照剛被小姑諳又舒鐵雲象生花詩云翦綵作花花欲語女紅疑是司花女有時蘭葉蝕青蟲或愛梅花棲翠羽花能相對葉相當宛然春色偷東皇定知有夢迷蝴蝶不爲無香恨海棠誰家著釧牽衫早箇鏡相宜倚花埽水晶簾卷十分妝翡翠篸斜一枝好吳儂作事殊等閒不獨時花棄兩鬟都將舊曲翻新曲拋卻眞山看假山那知相率趨爲僞金錯錢刀買憔悴一叢花當十戶賦幾朵雲

收數鄉稅可憐名字滿頭花花開花落委泥沙若爲拈向靈山會且莫攜來吏部家

過年鞋

新婦度歲必先日整治潔履至是以獻於舅姑謂之過年鞋

案段成式酉陽雜俎北朝婦人以冬至日進履襪及韈又崔浩女儀冬至上履襪于舅姑謂古人履長之義矣俗以除夕又婦女繡履年尾必更製一新以度歲亦名過年鞋吳穀人詩云料理年頭事花鞋取樣工雙彎履

新吉一椮試春紅鏡檻徐行處鐙簾淺立中往時呵凍
繡玉指記匆匆又家景文詞云杏子紅帬鵝兒黃袖一
尖新窄過年鞋

門神

夜分易門神俗畫秦叔寶尉遲敬德之象彩印于紙小户
貼之陸偉堂門神詩云魁偉畫圖傳相逢又一年懸桃分
度索輔李識凌烟要藉當關壯能爲辟惡先還贏鍾進士
重五暫乘權

案趙與時賓退錄云除夕用鎮殿將軍二人甲冑裝門

神亦曰門丞今道家謂左曰門丞右曰戶尉吳縠人新
年雜詠小序云門爲五祀之一司門之神昉自桃符以
神荼鬱壘能辟邪也袁褧楓窗小牘靖康以前汴中門神多番
樣戴虎頭盔王公之門至以渾金飾之識者謂虎頭男
金飾便是金人在門雜志又稱後世多畫將軍朝官復
加爵鹿蝠喜寶馬瓶鞍之狀皆取美名以迎嘉祉家雪
亭土風錄云俗多用秦叔寶尉遲敬德葢本唐小說也
陳迦陵賀新郎乙卯元旦詞云抖擻門丞秦叔寶貝帶
璘瑸光射又郭頻伽淮陰歲除詠門神詩云金碧家家

燦遷除歲歲忙侯封沿漢號劍佩儼唐裝又吳曼雲江鄉節物詞小序云杭俗門神一年一易搢紳之族多不用之詩云盱目掀髯慣辟邪除書新換記年華笑君只是春來燕盡入尋常百姓家吳縣志謂門神彩畫五色多寫溫岳二神之象遠方客多販去今其市在北寺桃花塢一帶盧志除夜夜分易門神又九縣志並載除夕易門神之俗

神荼鬱壘　鍾進士

或朱紙書神荼鬱壘以代門丞安于左右扉或書鍾進士

三字斜貼後戸以卻鬼
案漢應劭風俗通云上古之時有荼與鬱昆弟二人性
能執鬼度朔山上章桃樹下簡閲百鬼無道妄爲人禍
害荼與鬱縛以葦索執以食虎於是縣官常於臘除夕
飾桃人垂葦茭畫虎於門皆追效前事冀以衛凶也桃
梗梗者更也歲終更始受介祉也山海經亦本風俗通
之說云度索山桃樹下有二神曰神荼曰鬱壘能啖百
鬼故今俗設桃符以象之括地圖志曰度朔山尖桃樹
下有二神一名鬱一名壘高誘注戰國策又曰一名余

輿一名鬱雷陸啟浤北京歲華記元旦貴戚家懸神荼鬱壘玉燭寶典則以正旦造桃板著戶謂之仙木像鬱壘山桃之形鬼畏之也　胡浩然除夕詞云靈馗掛戶

歡樂圖

門廳之楣或貼歡樂圖圖皆買自杭郡以五紙爲一堂翦楮堆絹爲人物故事皆取讖于歡樂以迎祥祉

案馬如龍杭州府志謂之合家歡樂圖吳穀人詩云披圖春色好歡樂兩相兼自妙青紅意無煩筆墨添紫衫仙樂部翠燭美人簾隔歲痕猶在房櫳一例黏又姚春

漪詩自注云歡樂圖上貼福樂壽喜四字旁黏小春聯謂之歡樂對

春聯

居人更换春帖曰春聯先除夕一二十日塾師與學書兒書寫以賣榜於門曰春聯處多寫千金百順宜春迪吉一財二喜及家聲世澤等語爲門聯或集葩經吉語唐宋人詩句爲楹帖周宗泰姑蘇竹枝詞云學書兒童弄筆勤春聯幅幅賣斯文人來問價增三倍不使鵞羣籠右軍案張子容除日詩帖牖作春書又楊循吉除夕雜詠春

帖題鄉究春書春帖皆春聯也查止齋詩醉書矮紙貼春聯古時門首貼宜春二字在立春日見韋莊詩殷勤爲作宜春曲題向花牋貼繡楣又王沂公皇帝閤立春帖子云北陸凝陰盡千門淑氣新年年金殿裏寶字貼宜春又胡復齋詩滿寫紅箋字無勞黃絹詞年年煩阿買春色在門楣而陸啟浤北京歲華記則以除夕貼宜春字小兒女寫好字歐陽原功漁家傲詞云換年懶寫宜春帖是也晉傅咸燕賦云淑青書以贊時著宜春之嘉祉宜春二字本此然秦已有宜春宮宜春苑見括地

志矣人又以廸吉二字爲宜春對偶葢本尙書惠廸吉語以識吉祥耳周必大玉堂雜記云除日更春帖柱聯門額于堂軒楣枋貼福祿壽一財二喜等字習二教者於門衡貼阿彌陀佛及九天應元雷聲普化天尊又佛咒悉呾多般呾耶等語又明詩選太祖召陶安爲學士御製門帖賜之曰國朝謀略無雙士翰苑文章第一家吾鄉春聯詩句人皆沿用不察實皆有所本如日月光天德山河壯帝居見李延壽北史陳後主入隋上文帝詩也聿修厥德長發其祥集葩經語自爲成對也又用

王勃滕王閣序語物華天寶日人傑地靈時各增末一字至天恩春浩蕩文治日光華乃　聖祖賜桐城張文端相國立春帖子阮吾山司寇茶餘客話謂張氏歲歲貼之後縉紳家俱用此聯今則比戶皆然矣𡍼穀人新年雜詠小序云春聯卽古桃符板蜀檮杌載孟昶自題桃符板云新年納餘慶嘉節號長春又黃休復茆亭客話先是蜀至每歲除日諸宫門各給桃符一對俾題元亨利貞四字時僞太子善書札選本宫策勳府桃符親自題曰天垂餘慶地接長春八字以爲詞翰之美

又宋史五行志歲除日命翰林爲詞題桃符正旦置寢門左右又元周密癸辛雜誌載黃謙之題桃符板云宜入新年怎生呵百事大吉那般者知簪雲樓雜說謂春聯之設昉自明孝陵不足爲信吳孟舉詩云兎園本子漸無奇不用冬烘費巧思除卻宜春方勝樣家家傳寫盛唐詩

封井

置井泉童子馬於竹篩內祀以糕果茶酒庋井闌上揜之謂之封井至新正三日或五日焚送神馬初汲水時指蘸

拭目令目不昏

案白澤圖考井之精名觀狀如美女好吹簫輯柳編呼爲吹簫女子吾鄉呼爲井泉童子太常記十月朔祀井長元志皆載除夕封井又崑新合志云新正三日祀以糕果送之褚人穫堅瓠集云除夕人家封井不復汲水至正月三日始開張漁川封井詩云氷鏡沈寒砌銀瓶卧晚階明年試初汲昏眼要先揩

接竈

安竈神馬於竈陘之龕祭以酒果餻餌謂之接竈謂自念

四夜上天至是始下降也或有遲至上元夜接者家辰上元夜接竈詩云竈本何心媚工爲飲食謀日親厮養卒祭失爛羊頭亂踏旌旗下交輝鐙月游因懷膠口恨利市竟難求

案馮應京月令廣義燕俗元旦合家少長羅拜竈神以祝曰迎竈長元吳志皆云接竈多以除夕李仙翁除夕詩云兒知學拜同迎竈江震志除夕接竈則設餜燃爐迎神而祭崑新合志則於上元夜煎油䭔烤糊塗接竈常昭合志亦云上元日家和米粉爲丸以接竈吳穀人

接竈詩自序云杭俗元旦接竈其神號曰東廚司命有司命將來日神牌婦子迎之句又項霜田黃鶯兒詞首句云接竈便開門吳曼雲江鄉節物詞云迎神薪突正衣冠竈馬紛紛乍解鞍來復只須占七日笑他人說上天難厲層雲詩云七日占來復焚香刻晷迎并云俗傳接得早竈君年紀小接得遲竈君年紀老又云接時供淨水於竈山上

祭牀神

薦茶酒餻果於寢室以祀牀神云祈終歲安寢俗呼牀神

爲牀公牀婆

案曾三異同話錄崔大雅在翰院夜直玉堂忽有內降撰文字乃祭牀婆子文恍然不知格式或問於周丞相翰長云但如常式皇帝遣某人致祭於牀婆子之神曰汝典司牀簀云云張靸靑詩歲祀牀婆子深宵酒果芬厲樊榭除夕祀牀作沁園春詞以樂神楊循吉除夜雜詠云酌水祀牀公葢今俗猶以酒祀牀母而以茶祀牀公謂母嗜酒公癖茶謂之男茶女酒而魏孄錢塘縣志亦載除夕用茶酒果餅祀牀神以祈安寢又吳曼雲江

鄉節物詞小序云杭俗祭牀神以上元後一日品用煎餅詩云祝他安穩度春宵齋供當牀畫燭燒補卻天穿重補夢今年婆餅不曾焦

齾門炭

植炭於門戶之側名曰齾門炭

案崑新合志除夕每門必倚長炭名把門炭俗稱炭將軍林謂閩中志云歲除宮門植炭名曰將軍炭周必大玉堂雜記亦云除夕豎炭於砌礎之閒又吳曼雲江鄉節物詞小序云杭俗除夕封門束甘蔗樹之門側謂取

漸入佳境之意則又與他處不同

節節高

插冬青柏枝芝蔴萁於簷端名曰節節高

案劉若愚蕪史燕俗歲除簷楹插芝麻楷陸啟浤北京歲華記元旦民間插芝梗柏葉於戸盎此風輦下亦傳長元吳志俱云除夕插松柏芝麻稭於簷端崑新合志及江震志則云元旦插之名節節高

富貴弗斷頭

黃阡斷續一串引而伸之鋪家以之與財神馬紙糊金銀

元寶同挂招牌上爲貿易獲利之兆謂之富貴弗斷頭又名與隆

案博古圖唐鐵鑑銘千秋萬歲富貴不斷　沈明德細馬送神多著同與紙卽黃阡也今又名與隆錢塘黃書匡是題詩云一串同與紙都將富貴求美名兼厚利萬歲更千秋巧樣翻花本和風繞市樓君看居壟斷最是出人頭

年飯　萬年糧米

煮飯盛新竹籮中置紅橘烏菱荸薺諸果及餻元寶並插

松柏枝於上陳列中堂至新年蒸食之取有餘糧之意名曰年飯又預淘數日之米於新年可支許時亦供案頭名曰萬年糧米

案荆楚歲時記歲暮家家留宿歲飯至新年十二日棄之街衢以爲去故取新也又時鏡新書除夕留宿飯俟驚蟄雷鳴擲之屋上令雷聲遠而通志則云江淮風俗除夕煮熟飯兼數日之炊於新年可支許時名曰隔年陳又吳曼雲江鄉節物詞小序謂除夕貯飯置果餌於其上元旦食之取有餘之意名曰隔年飯詩云紅銀粒

飽貯都籃一洗空廚轑釜䵃飯甕好將如願祝明年耕
食要餘三又閔玉井蒸飯詩云風俗隔年陳中堂位置
新但教炊似玉不使甑生塵蒼翠標松正青紅飣果勻
家家欣鼓腹留此待開春又郭頻伽准陰歲除詠年飯
詩云既得殘年喫仍須隔歲儲人情重飽暖吾意惜居
諸皆與吳俗略同又蔡鐵翁詩萬年糧米案頭供

畫米囤

鄉農人家以石灰畫米囤於場或象戟矢元寶之形祈年
禳災謂之畫米囤

案崑新合志除夕以石灰畫米囤或戟矢於地祈年禳災江震舊志除夕更深人靜畫灰于道象弓矢以射祟常昭合志除夕畫灰象弓矢射祟象囤囷祈年長元志皆云今又有畫米囤飛錢之類於室中者吳縣志則云象犀角米囤元寶之類楊循吉除夜雜詠云門前盡畫弓

聽響卜

或有禱竈請方抱鏡出門聽市人無意之言以卜來歲休咎者謂之聽響卜

案唐王建有鏡聽詞云重重摩抄嫁時鏡夫壻遠行憑鏡聽賈子說林有鏡聽咒曰並光類儷終逢協吉法以鏡囊盛古鏡向竈神勿令人見雙手捧鏡誦咒七徧出聽人言以定吉凶又閉目信足走七步開眼照鏡隨其所照以聽人言無不驗也褚人穫堅瓠集云今聽讖者禱於竈神以杓投釜中隨杓柄所向執鏡而往謂之響卜卽鏡聽也家元慶詹曝偶談謂有無所懷直以耳聽之者謂之響卜蓋以有心聽無心耳往往皆驗蔣心餘鏡聽詩云匿影循牆走尋聲倚壁聽何期深夜語都是

十分靈識緯原難測推求恐不經菱花常自鑑何必問
冥冥江震志皆云此風邑中猶有行之

叛花

亥子之交抱未痘小兒臥爨下以紅帕蒙首天明始還臥所謂如是則痘花稀貫謂之叛花葢俗呼痘爲花也或撒黃豆於帳頂或以紅綠線穿黃豆三粒置幃閒俱能禳痘案家塾事親除夕五更抱小兒於獨槽豬窩內滾過則痘瘡稀楊循吉除夜雜詠詩云撒豆禳兒疾　晉書鄧伯道避石勒難以車馬負妻子以叛吳語謂藏匿曰叛

家雪亭土風錄云扳與畔通　太元經一縱一橫天網罥罥注罥罥疏落貌吳語謂物之稀者曰稀罥本此

節帳

土俗貿易場中以端五中秋除夕爲三節按節索欠謂之三節帳除夕一節自昏達旦雖東方旣白猶絡繹道塗不嫌籠鐙入索也蔡雲吳歈云無地堪容避債臺一年積欠一宵催店門關到質錢庫還點鐙籠走一回又徐晉鎔除夕詩云生計吳中往日虛到來今夕各躊躇平時浪費知何益千載奢風尚未除索負偕來門外漢救貧誰竊枕中

書阿儂身外無長物安樂新添一味蔬

案前漢武帝紀明堂朝諸侯受郡國計計若今之諸州計帳也韓愈寄崔立之詩當如分合支注今時人謂析產符契爲分支帳今俗作賬古無此字又周櫟園書影云北魏書釋老志曰元象元年秋詔曰城中舊寺及宅皆有定帳令人出入之籍曰帳目始此　黃周星甲寅除夕詩第一過年窮快活從來未有索逋人　蔡鐵翁吳歈注除夕鋪戶皆張鐙爲夜市質庫贖當者紛集非天明不得閉門也吳雲岫吳中百一謡云除夕達天明

索債路如蟻鋪戶咸不關張鐙冷於水

小年夜大年夜

祀先之禮相沿用昏俗呼大年夜或有用除夕前一夕者謂之小年夜又曰小除夕俗又總呼之爲大年小夜舊俗雞且鳴持杖擊灰積致詞以獻利市名曰打灰堆又小兒繞街呼嗷云賣汝癡賣汝獃世傳吳人多獃故兒女輩戲欲賣之今皆不傳惟是夜家戶儲水於廚下埋炭墼於鑪不使熖熄置寢室中謂之種火焚辟瘟丹蒼朮諸藥謂之太平丹街坊爆竹之聲鏗鍧不絕俗又以是夜忌犬吠諺

云年夜狗弗吠來年疾病少蔡雲吳歈云封門小結烏薪祉守歲雙垂紅燭花多許風光一場夢醒來又早換年華案韓鄂歲華紀麗云三十日爲大盡二十九日爲小盡吳人謂之大除小除除猶盡也陸游老學庵筆記謂唐人冬至前一日亦謂之除夜楊辛父紅梨庵集注江震風俗以臘月二十四日夜爲小除夕與郡俗小異猶周密乾淳歲時記禁中以臘月二十四日爲小節夜三十日爲大節夜也又云是夜明鐙室中猶杭郡明鐙牀下名照虛耗之俗也江震與杭郡接壤雖地屬於吳往往沿襲浙俗無足恠

也　錢思元吳門補乘載除夕儲水宿火見馮贄雲仙雜記裴度除夜迨曉不寐鑪中商陸火凡數添可知此風流傳亦久又范石湖詞地鑪火暖蒼朮香又楊循吉除夜雜詠云辟瘟燒朮煖又沈朝初憶江南詞注云除夕鑪燒蒼朮諸藥名曰太平丹有獸鑪頻炙太平丹之句　褚人穫堅瓠集載無名氏吳門歌云吳門人佳神仙地雪月風花分四季滿城排隊看行春又見花鐙來炫視千門挂綵六街紅筌歌盈耳喧春風歌童舞女語南北王孫公子何西東觀燈未了興未歇等閒又話清

明節呼船載酒共游春蛤蜊市上爭嘗新吳塘穿繞過橫塘虎邱靈巖復元墓菖蒲泛酒過端午龍舟相呼喧競渡提壺挈盒歸去來南河又報荷花開錦雲鄉中漾舟去美人壓鬢琵琶釵玉頟皓齒聲斷續翠紗汗染紅暎肉金刀剖破水晶瓜冰山影裏顏如玉火雲一天消未已桐陰忽報秋風起鵲橋牛女渡銀河乞巧人排明月裏南樓雁過是中秋颯然毛骨冷颼颼左持蟹螯右持酒不覺今朝早重九登高又向天池嶺桂花萬樹天香浮一年好景最斯時橘綠橙黃洞庭有滿園還剩菊

花枝雪片横飛大如手安排暖閣開紅鑪敲冰洗盞烘牛酥寸虀瓶兮千金果黑貂裘兮紅氍毹一年四季恣歡娱那知更有饑寒苦